高等教育国际化
与高校学生管理研究

柳志明　曾甜　王瀛／著 ////////////////////////////////

三晋出版社

图书在版编目（CIP）数据

高等教育国际化与高校学生管理研究／柳志明，曾甜，王瀛著．--太原：三晋出版社，2023.8
ISBN 978-7-5457-2778-4

Ⅰ．①高… Ⅱ．①柳… ②曾… ③王… Ⅲ．①高等教育—国际化—研究—中国②大学生—高校管理—研究
Ⅳ．①G649.2②G645.5

中国国家版本馆CIP数据核字（2023）第157466号

高等教育国际化与高校学生管理研究

著　　者：柳志明　曾　甜　王　瀛
责任编辑：张　路
出 版 者：山西出版传媒集团·三晋出版社
地　　址：太原市建设南路21号
电　　话：0351-4956036（总编室）
　　　　　0351-4922203（印制部）
网　　址：http://www.sjcbs.cn
经 销 者：新华书店
承 印 者：北京兴星伟业印刷有限公司
开　　本：720mm×1090mm　1/16
印　　张：9.5
字　　数：200千字
版　　次：2023年9月第1版
印　　次：2023年9月第1次印刷
书　　号：ISBN 978-7-5457-2778-4
定　　价：62.00元

如有印装质量问题，请与本社发行部联系　电话：0351-4922268

前　言

　　高等教育国际化是当今世界教育发展的重要特征和主要趋势,是经济全球化对教育提出的客观要求,也是高等教育自身发展的需要。高等教育国际化要求在人才培养目标的确定、教育内容的选择及教育手段和方法的采用等方面不仅要满足本土化的需要,而且要适应经济全球化的需要。改革开放之后,我国社会各项事业步入正轨,取得大发展,我国高等教育国际化事业,无论是从全国范围来看,还是从个别地区来看,都蒸蒸日上,呈现出一片繁荣的景象。但在繁荣的现实中,也暴露了发展中的一些问题,这些问题正日益成为我国高等教育国际化事业继续发展的阻力。对此,我国的专家学者都纷纷予以研究和反思,并提出相应的解决策略和建议。在未来高等教育国际化发展中,我国需在总结、提升改革开放以来的有益经验的基础上,理顺高等教育国际化进程中国际化与民族化的关系,坚持用多元化、复合型的动力推动高等教育国际化的发展,完善相关法律、政策等保障机制,拓宽高等教育国际化的实现路径,探寻一条有中国特色的高等教育国际化之路,从而使我国的高等教育国际化事业获得健康、可持续的发展。当今高等教育的国际化可谓是高等教育传统的回归和超越。在世界经济全球化的影响下,中国的高等教育国际化已经成为高等教育领域改革的重点工作。在我国高等教育国际化事业发展的国家战略层面,应坚持效率优先的原则,可大力支持、推动国际化程度高、高等教育事业发达的城市率先加快发展,发挥以点带面的效应,从而促进我国高等教育国际化事业的全面蓬勃发展。

新时期,加强大学生日常管理和思想政治工作的规范性,在管理中融入人文关怀,是做好学生管理工作的重要保障和途径,也是提高高校办学水平、实现高层次人才培养目标的必要条件。规范管理,即用相对系统、科学、稳定的方式对学生进行管理,最终实现预期目的的管理过程。它要求管理者在管理过程中树立民主法治观念,依照国家法律法规和学校的各项规章制度,在公开、公正、科学的原则下,按照程序实施有序管理,最终实现科学育人的目的。

随着社会主义市场经济体制的逐步完善,高等教育事业的快速发展以及信息时代对大学生思想观念的影响,大学生的思想观念日益复杂,高校学生管理工作面临着十分严峻的挑战。长期以来,我国高校学生管理工作存在诸多现实问题。如许多高校对学生管理工作的重要性认识不足,在管理模式上,只保证学生的基本安全和课程学习,忽视了对学生的人文关怀及学生多维度全面发展的需求,传统的学生管理观念、管理模式和手段已很难适应形势发展的需要。在人才竞争日益激烈的新形势下,高校学生管理工作必须在管理理念、管理制度、管理模式、管理方式等方面进行改革,创新思路,以培养出适应时代发展、符合社会期望、满足国家需求的高层次人才。

目　录

第一部分　高等教育国际化

第二部分　高校学生管理

第一部分 高等教育国际化

第一章 高等教育国际化概述

第一节 高等教育国际化的内涵与特征

高等教育国际化是近来常被学界与媒体提及的一个概念,也越来越频繁地出现在大众生活中。高等教育国际化涉及教育学、历史学、国际关系学等跨学科领域,对于这一课题的研究需要先对高等教育国际化的相关概念与理论进行梳理和分析。

一、高等教育国际化的概念

"国际化"这一概念最早出现在经济学领域。约翰·费耶维舍较早地提出了较明确的"国际化"定义。约翰认为经济领域内的国际化是指一切跨越国界的资源及要素的转移交流,包括资源、能源、资本、企业文化和人力资本等的国际流动与融合。而另一位美国学者理查德·罗宾逊在他的著作《企业国际化导论》中也提到,国际化就是在产品和生产要素流动性增强的过程中,企业对国际市场而不是对某一国家市场的变动作出反应。总体来看,经济学领域的"国际化"是指通过跨国界的资源转移或流动,持续渐进地增加国外市场的涉入程度,是由本土经营到国际经营的一个过程,表现出经济规模、业务范围和影响力已经超出某一国家的范围而呈现国际性的特点,体现出参与国际交换的商品生产者之间的相互联系和相互依赖性在逐渐增强。

教育领域的"国际化"概念,则是由知识的国际性、流动性与公共性共同催生的。教育的国际化,是不断积累与不断丰富的过程,其发展的进程既受制于文化交流融合的规律,又受制于教育实践活动本身的发展规律,体现为一种"化"、一种融合、一种趋势。国内学者舒志定、魏腊云、刘兰芝等从高等教育的本质与核心要素切入,指出高等教育国际化是一种系统的、追求知识的无国界交流的能动活动形式,是以构建完备的高等教育体系,并以促进人的全面发展与人类社会的共同发展为最终目标的活动形式。杨启光则认为"教育国际化"就是教育的国际性不断增强的一个过程,包括不同国家间教育跨越国界的交流、合作与融合。其实质是通过各国教育的不断开放,实现人类多元文化的理解与融合。杨启光的定义从本质上反映了国际化概念在教育领域的体现,也是当前比较受推崇的一种观点。国外学者将高等教育国际化理解为与国际课程、师资交流和国际项目合作相结合的教育活动与教育服务。加拿大学者奈特提到,高等教育国际化是一种教育面向国际发展的趋势和进程,是把国际的、跨文化的、全球的观念融入高等院校教学、科研和人才培养等社会功能中的过程。这里强调,高等教育国际化不仅局限在教育活动形式上,更应重视高等教育国际性的塑造。这里赞同杨启光关于高等教育国际化的部分定义,认为高等教育国际化就是教育的国际性不断增强的一个过程,它依靠课程的国际化、师生交流的国际化和国际项目合作等外在形式不断推动各国教育走向开放、交流与融合,实现人类多元文化的理解与交融。同时再结合加拿大学者莱特关于高等教育国际化的提法,仅有外在形式仍不够,还应将国际的、跨文化的、全球的观念融合到形式中,做到内外兼顾。

二、高等教育国际化的内涵

高等教育国际化是一个综合性的发展体系。高等教育国际化具有综合性的特点,是从制度、理念、文化、内容、目标等方面体现国际化的要求。

(一)制度、理念、文化的国际化

高等教育国际化是一种理念上的革新,其打破了教育的地理限制,走向了相互借鉴、相互学习、相互促进的良性发展道路。在高等教育的发展历程中,本国的大学通过与其他国家大学的合作,吸收其他国家先进的办学理念与办学模式,同时结合自身的实际国情,推动本国高等教育的现代化进程,是一种立足本土又面向世界的治理模式和思维。同时,也有学者从国际意识的角度指出"高等教育国际化是一个发展的趋势和过程:一是把国际意识与高校的教学、科研和社会服务的职能相结合;二是把高等教育国际化等同于高等教育的国际交流与合作活动,其中包括课程的国际内容、学者与学生的国际流动、国际技术援助和合作计划等;三是认为高等教育国际化是一种精神气质和文化氛围,包括拥有全球意识、超越本土的发展方向和范围,并内化为学校个性等"。

(二)教育内容的国际化

教育内容的国际化是高等教育国际化的重要组成部分,从整体上来看,"国际高等教育的三大组成部分是课程的国际内容,教师和学生从事与教育、科研有关的国际交流以及教育系统从事跨国界的技术援助和教育合作计划"。具体来说,实现高等教育国际化就需要做到:①开设专门的国际教育课程;②开设注重国际主题的新课题;③在已有课程中增加一些国际方面的内容;④推进国际普遍关注的重大课题的研究;⑤注重地区研究;⑥建立校际联系,把到国外参观学习与课程联系起来。所以,高等教育国际化就是要在教学内容上体现超越国界的特征。

(三)教育目标的国际化

高等教育国际化的目标是通过培养具有国际化视野与国际化背景的教师与学生,使得本国可以在全球化的竞争中获得更有利的机会,以更好地为本国服务。

对高等教育国际化进行思考:①大学国际化是一种现象、一种趋势,当代大学越来越带有国际色彩,多种语言、多种文化的交流与科学研究的合作成为高等教育的普遍现象;②大学国际化是一种理念、一种价值,强调本国的发展未来更多地取决于全球的发展与共同的努力,因而更加注重面向世界发展教育,认为国际化教育可以帮助个人和国家应对未来的挑战;③大学国际化是一个标准、一个尺度,国际化大学的教育质量和学术水准处在国际前列,因而对其他国家和地区的人才有很强的吸引力。国际化大学人才培养和科学研究不但要满足国内需要,而且要面向世界各国。科学研究的领域覆盖全球性的问题,教育制度富有弹性,交流面广,开放度高;④大学国际化是一个过程、一种状态,是一个国家或地区或一所高校为适应全球化、一体化时代而作出努力的全过程,是从闭塞走向开放、从低水准提升至高水准的全过程。所以从内涵上来看,高等教育在制度、理念、文化、内容、目标等方面都实现了国际化。

三、高等教育国际化的特征

(一)实施主体多元化

20 世纪 70 年代以前,由于高等教育国际化主要受政治、外交或国防政策的影响,国家或政府实际上成为实施高等教育国际化的主体,属于外交政策的一个组成部分。20 世纪 80 年代以后,经济全球化的发展为高等教育国际化带来了巨大的发展契机,大多数国家的高等教育国际化不直接受国家外交政策和国际需要的影响。就国家层面而言,教育部在实施《面向 21 世纪教育振兴行动计划》中指出:"重点支持部分大学创建世界一流大学和高水平大学。"这实际上就是一个高等教育国际化的命题,旨在培养国际性人才,提升国际理解力。戴维斯等人用"当今大学的重要特征之一""未来高等教育的重要主题"等语句对高等教育国际化进行描绘,揭示了高等教育国际化在今天大学发展中举足轻重的意义与作用。

如今,区域教育整合开始在高等教育国际化的进程中扮演越来越重要的角色。随着经济全球化在世界范围内的展开,区域经济一体化的进程也在不断加快。以区域性联盟为单位,各成员国纷纷寻求建立政治磋商机制,推进市场经济融合,而一体化的基础又包括深入的文化交流、畅通的人才流动以及地区认同感的提升。在这样的背景下,区域高等教育的整合势在必行。

区域高等教育国际化的内涵在于,在经济全球化的前提下,从国际和国内两个维度出发,优化配置区域高等教育资源和要素,扩大教育国际交流与合作,为区域经济、科技和文化的发展提供高素质人才。作为构建区域共同体的先行者,欧盟在高等教育区域整合方面开展得最早,成果也最为显著。欧盟在一体化过程中,不断加大成员国高等教育国际化的力度,从1987年欧洲共同体推出的"伊拉斯谟计划"到1999年欧盟的"博洛尼亚宣言",即"创建欧洲高等教育区域的宣言",共吸引40多个国家加入了欧洲高等教育区;2001年欧洲高等教育部部长会议上签署了《布拉格公报》,主题为"形成欧洲高等教育区";2003年回顾了所取得的成绩和不足,制定了新的发展目标,在此基础上签署了《柏林公报》,主题为"实现欧洲高等教育区";2004年的"伊拉斯谟世界计划",欧盟不仅努力推动各成员国之间师生和学术人员的流动,还强调了质量保证和文凭互认的重要性,致力于加强欧盟同北美、亚太地区第三国高等教育领域的交流与合作,提高了欧盟国家高等教育的质量和竞争力,对欧洲的高等教育产生了重要影响,在高等教育国际化方面取得了显著成效。

值得注意的是,区域高等教育一体化,不仅在内部推动了各成员国之间大学的交流,在外部,即区域间的层次更为丰富、结构更为复杂的跨区域教育交流也在蓬勃发展。1995年11月,东盟各国高等教育部部长会晤并签署"东盟大学联盟"宪章,各参会大学签署建立"东盟大学联盟"的协议,正式成立"东盟大学联盟"(AUN)。AUN的总体目标是通过促进东盟各国确定的优先发展领域的交流学习与合作研究,加强东盟高校之间的合作,促进各国科学家、学者之间的交流,加强该地区的学术与专业人才的人力资源开发,创造并传播科学知识和信息。核心目标是促进学术流动、提升东盟意识、增进东盟各国学生之间的了解。重点在四个领域:开展学生、教师交流;开发东盟研究项目;鼓励合作研究;建立信息网络。AUN将东盟各国的学术优势整合起来,确定优先合作领域,以此深化东盟的学术活力,强化区域特征并巩固区域团结。2012年11月,由AUN主办、北京大学承办的首届东盟与中日韩大学校长会议在北京大学对外交流中心成功召开,泰国高教委、印度尼西亚文教部及日本科学省等相关教育部官员以及来自东盟地区与中日韩三国30余所高校的领导在协商一致的基础上,共同成立了东盟与中日韩大学联盟,并签署了谅解备忘录。这就在原有的联盟之上形成了包容性更大、覆盖范围更广、层次更高的联盟,进一步深化和扩大了东盟地区与中日韩三国之间高等教育的发展与合作,推动了东亚区域的三边合作,为整个亚洲地区大学合作机制的建立架设了桥梁。这是受欧盟高等教育国际化合作的启示,亚洲在国家间不可能形成战略联盟的情况下,大学之间寻求合作的一种有效方式。

(二)交流内容与合作模式多样化

早期的高等教育国际化由于信息技术尚不发达,在形式和内容上都比较单一,主要表现为不同国家或地区间的人员流动,留学生教育则是实现早期高等教育国际化相关活动的主要手段。

一些国家和地区随着经济发展水平和国际声誉的提高,以及对国际化人才的需要,改变了思路,不再是出国留学,而是把国外的优质大学资源吸引到国内来,主要战略是鼓励其他国家的高水平大学来本国建立分校,使本地学生能够享受国际优质资源,获得良好的高等教育,并借机发展成为地区性的高等教育中心。

跨区域和跨国的合作项目名目繁多,包括在海外完全独立的"姐妹"学校(如阿布扎比的纽约大学)、母校的海外分校(为大多数外国投资者钟爱的模式,类似于开办连锁店,多设在诸如迪拜、卡塔尔和新加坡这些国家的中心区域)和合作项目。另一普遍现象是一个或者数个院校与机构联合提供范围相对较小的海外学习计划或内容相对单一的海外学习项目。实施这种类型的学习计划或项目以新型的教育提供者(如以营利为目的的高等教育机构和远程高等教育机构等)为主,而且增长较快。

随着信息时代的到来,经济全球化呈现不可逆转之势,高等教育国际化的内容不仅表现为学生和学术人员的国际性流动,而且表现为国际化课程体系的建立,高等教育法规的健全与完善,信息资料、多种教学仪器设备等资源的共享,区域性和全球性协作组织的建立,跨国大学网和跨国虚拟传递等。而高等教育国际化的形式表现为国际学术研讨会、人才交流与培养、合作研究项目、成立联合学院或系、双学位合作项目、建立中外联合实验室等,在未来高等教育国际化中将进一步显示它们的作用。

近年来,国际教育领域密切关注的一个热点主题就是公私合作模式(PPP)。这种模式鼓励和引导非公共部门的资源(技术、管理和资金等)投入核心的公共服务领域(基础设施、医疗卫生、教育等)。在高等教育领域,公私合作模式的特点不是基于具体合同的政府订单购买或外包服务,而是公立教育机构与民营机构进行公私合作办学,政府则在战略、政策和经费等方面进行积极的引导与扶持。

中外合作办学作为一种新型办学模式,打着"不出国门留学"的旗号,呈现快速发展的态势。目前,国内不少高校都竞相与国外教育机构合作,设立中外合作办学机构与项目,涵盖本科、硕士、博士在内的各办学层次。发达国家借此解决其学额过剩、经费不足等问题,同时宣扬其教育制度、文化和价值观;发展中国家则认为这是借鉴发达国家办学经验和办学资源而促进本国高等教育国际化的一条捷径,既可节省学生出国所耗费的外汇,又可让学生较少受到西方文化和价值观的影响。这样,两方面均致力于中外合作办学,发展前景似乎十分广阔。

然而,中外合作办学作为教育界较为新生的事物,其办学过程尚处于摸索阶段,许多方面亟待创新和改进完善。

(三)国际化越来越追求质量

当前,大多数高校都将国际化纳入本校的发展战略目标之中。不过,在不少高校看来,国际化似乎就是指吸收国际留学生、引进外籍教师、开展双语教学、提高教师出国比例等。这些具体举措只能说是浅层次的高等教育国际化,远远没有触及高等教育国际化的实质。今天,我们谈提升高等教育质量,就必须置身于高等教育国际化的形势中进行前瞻思考。我们既要形式上的国际化,更要关注内容上的国际化,从浅层次走向深层次,从外围进入核心,不盲目追寻国际化的多种形式,而是把质量当作高校发展的生命线,积极探索高等教育国际化的质量标准,以应对国际化对高等教育的挑战。

就高等教育国际化而言,需要对政策架构、教育结构甚至课程体系进行更全面的国际协调,而在质量保证和文凭互认方面更需要尝试采用一种国际通用的方法。联合国教科文组织(UNESCO)是进行全球教育治理的一个首要的多边组织,它期望建立一种多层治理体系,并在其中发挥政治协调者和知识监管者的作用,从而在其职责范围内有效地监督、指导和协调各国的政策制定。在其政策立场文件中也指出,为适应新形势的要求,各政府机构应考虑建立国际和跨国的框架,保证日益多样化的发展形势下全球高等教育的质量,以及提高各利益相关者在此方面的意识。UNESCO 对高等教育国际化的治理主要是通过标准制定、能力建设和信息共享等机制来推动和落实的,取得了一些积极的成效。但 UNESCO 对高等教育国际化的全球治理仍存在诸多问题,需要从多方面加以改进和完善。我国高等教育国际化发展到今天,不论是送出国门的,还是引进培养的,都缺乏一个科学的标准去评测其质量。

第二节 高等教育国际化的构成要素

高等教育国际化涉及高等教育的各个方面,包含着极为广泛的内容。但概括地说,其基本构成要素包括以下几个方面。

一、国际化的教育观念

高等教育国际化的前提首先在于要有国际化的教育观念,要从全球的视角出发来认识教育的改革与发展问题。如日本政府早在20世纪50年代中期就已开始意识到:"以国际化观点进行教育改革是关系到我国生存与发展的重要问题。"日本文部省编写的1995年《教育白皮书》提出:"为增进国际理解,确保世界和平与国际社会的稳定,必须继续有计划地推进教育、文化、体育领域内的交流与合作,建立国际信赖关系,并且进一步对外开放。"日本教育理论专家喜多村和之教授强调高等教育应该向三个方向发展:一是能够被他国、他民族所承认和接受;二是能够与外国进行平等交流;三是能够充分对外开放。美国高等教育专家、前卡内基高等教育政策研究理事会主席克拉克·科尔曾明确指出,我们需要一种超越本地学院传统的新的高等教育观念,即高等教育要面向世界发展。他认为,教育关注的是整个世界,而不只是其中的一个部分。知识无国界,各国知识分子都应做有助于扩展人类的知识和增进人类相互理解的工作。通过获得知识和技能,能够使受过教育的人们在更多的国家和文化中发挥作用。各国面临的核心问题之一是不可再生资源的利用,包括核战争和抑制通货膨胀在内的许多问题使得国际合作变得越来越重要。各国要相互理解,这种合作才会有效。具有良好全球意识的国家,在国际上将具有优势。在法国,坚持大学的开放性是近年来政界和教育界的共识,认为唯有高等教育国际化才能够在欧洲范围内为法国培养精英奠定坚实的基础,并在欧洲发展中承担一定的责任。无论对于大学还是学院,国际化都具有优先地位。1992年,法国有1.5万大学生参加了旨在鼓励和促进欧共体成员国之间大学生的交流。澳大利亚政府认为国际教育在澳大利亚的国际关系中占据着越来越重要的地位,能够帮助在其国际关系中扩展经济、文化、和人际等,能够通过更广阔的国际视野丰富其教育培训系统,并拓宽社会维度。

二、国际化的培养目标

越来越多的国家在高等教育培养人才的目标上增加了国际化的内容。一方面是在思想上培养学生的国际意识,主要是指为增进不同民族、文化的相互理解而加强国际理解教育,使学生能够深刻理解多元文化,能够在国际文化交流中充分沟通思想,能够从国际社会和全人类的广阔视野出发判断事物。如美国提出要培养"有国际眼光的人",使大学生会讲一门外语并通晓别国文化。日本"临时教育审议会"在对高等教育国际化的有关建议中指出,只有做一个出色的国际人,才能做一个出色的日本人。在国际社会中要想生存下去,除了牢固掌握日本文化外,还应该对各国的文化和传统加深理解。日本中央教育审议会也指出,国际交流的基础是:一方面培养在国际中被信赖和尊敬的日本人,同时还应该对各国的文化和传统加深理解;另一方面是培养学生具有在国际市场中竞争的能力,使其掌握一些将来在国际社会中工作所必需的知识和技能。具体来说,要使培养出来的人才能够懂科技、通外语、会经营、善管理,具有较强的国际意识,通晓国际贸易、金融、法律知识,能够适应国外工作和生活环境。为此,必须注重外语的教学。因为外语不仅是学习别国文化,了解世界文明,扩大不同国家人民之间交流的重要工具,同时,掌握外语也是成为政府机构、跨国公司和许多社会部门未来员工的重要条件。

三、国际化的课程

课程作为教育事业的核心领域,是教育改革的核心内容。高校课程内容的国际化,主要表现在更新知识、吸取当今世界科学文化最新成果这一方面。目前,我国高校为了适应政治、经济、贸易以及科学技术国际化发展的需要,正在稳步实施《面向21世纪高等教育教学内容和课程体系改革计划》,大胆借鉴国外高校的专业结构、课程体系和教学内容,不断深化本国高校的专业设置和课程改革,加大课程国际化的力度。国际贸易课程的国际化具有一定的代表性。早期的国际贸易课程内容陈旧,把研究对象局限于探讨生产关系在国际贸易领域中的具体表现,而对国际贸易的一般规律以及国际贸易分工的一般理论和政策,研究得很不够。这种冠以国际之称的课程,其观点并非真正国际性的,而是以意识形态为主导的理论体系,缺乏对国际贸易一般规律的研究。针对这种情况,我国高校对该课程的内容做了较大的改革和更新。新教材以全球范围的经济贸易为研究对象,注重探索客观经济运行的一般规律,努力把握当代国际贸易的最新发展态势,注重理论与中国实际的密切结合。在保持以马克思主义经济学原理为指导的前提下,新教材有批判、有选择地吸取西方国际经济学中反映生产力发展规律的合理成分,特别是借鉴了其中的一些分析工具和研究方法。在讲授国际贸易理论时,教师重点介绍当代贸易理论的最新发展,引导学生把握和了解国际贸易发展的新趋向,并注意引用一些最新统计资料,使课程内容不断更新。

高校的各门课程,除一些反映本国本民族的文化、知识、技能等特色的课程和涉及意识形态的课程外,无论是文、史、哲,还是理、工、农、医,都在有步骤、有计划地向国际化靠拢。尤其是理工科类,紧跟现代科技的最新发展成果,补充课程教学内容,采用国际通用的统计方法和评价标准,使用通用的国际术语,与国际接轨。外语教学也不断得到强化和改善,在信息技术、生物技术、新材料技术专业和金融、法律等热门专业以及国家急需的专业开展双语教学。此外,各高校已经开始注重选用国际上最先进的原版教材或教学参考书,吸引外国一流的专家、学者、教授来讲学。

四、国际化的人员交流

人员的国际交流是高等教育国际化中最活跃的方面,其中包括学生的国际交流和教师的国际交流两个部分。

(一)学生的国际交流

据联合国教科文组织调查,目前有超过140万学生在其祖国之外继续接受中学之后的教育。大规模的学生留学国外,不仅有助于各国学生之间的相互学习,而且有利于扩展课程内容的国际广度,开展跨国文化的研究与讨论,招聘更多的具有国际经验的专家。发达国家在高等教育国际化进程中加大了留学生教育的发展力度,尤其许多国家实施吸引外国留学生的优惠政策,吸引并汇聚了大批世界的优秀人才资源,促进了本国社会的全面发展。和其他的国家相比,美国的高等教育系统在资金的投入量、学校的类型和层次的多样性、大部分学校的高质量、比较开放的入学传统以及英语作为世界性语言等方面的优势都是其他许多国家所难以比拟的。所以长期以来美国一直是世界上接收外国留学生最多的国家。

大批国外学生到美国的大学和学院学习,除了给美国的高等教育系统注入了新鲜血液外,还对美国的社会有着种种现实和长远的重大利益。如:给美国带来巨大的经济利益;有助于美国高等学术发展和杰出的国际中心地位的确立;有助于美国与留学生派遣国未来政治及其他关系的发展;同时还有助于为美国培养和吸引大批英才。

现代的科技文化交流是一种双向交流,许多国家都已经意识到要培养国际型人才,增进民族间的相互理解,就必须派学生到相关国家去了解该国的历史、文化、风土人情,去参与该国的生活,只有这样才能真正深入地了解对方。因此,在吸引外国留学生到本国留学的同时,这些国家也加大了选派学生出国留学的力度。日本高等教育国际化的一个重要方面是创造条件让学生到海外留学。日本很多大学与国外的高校签订了双边或多边协议,给学生提供出国留学的机会,这种合作方式极大地推进了国际化项目的发展与实施,促进了日本高等教育向国际化方向的发展。如在20世纪80年代,日本许多大学和专科学校开设了多种海外研究课程,或与国外大学订立协议提供短期培训课程,主要目的是为学生提供学习外语并置身于外国语言环境中的机会。此外,国外的一些私立大学还在海外设立分校增加学生出国学习的机会。

(二)教师的国际交流

教师的国际交流是高等教育国际化的一个核心部分。具有国际知识和经验的教师可以直接推动教学、科研向着国际化的方向发展,因此近年来许多国家的高校都采取多种形式增加教师出国访问进修的机会,同时还面向世界招聘教师和学者。如新加坡国立大学分别在纽约和伦敦设立教师招聘办事处,派专人到欧美、日本、澳洲等地名牌大学物色人才,高薪聘请著名学者、专家来校任教。日本也在修改有关法律以增加外籍教师数量,吸引高水平的专家。而美国更是以其强大的政治影响、雄厚的经济实力、先进的教学科研条件和优厚的工作生活待遇吸引了大批国外优秀的专家、学者参与国际交流与合作。除了聘请高水平的教师来校任教外,不少学校还邀请国际知名学者、专家进行短期访问和讲学,或聘请著名学者为名誉教授或客座教授。这样一方面使教师队伍趋于国际化,另一方面也使教育思想观念、课程和教学向着国际化的方向发展。

五、国际学术交流与合作研究的多种途径

多途径开展国际学术交流与合作研究是高等教育国际化的又一重要内容。国际学术交流与合作无论对学生的发展还是对学者的研究都有着极为重要的意义。联合国教科文组织 1995 年提交的《关于高等教育的变革与发展的政策性文件》中指出：国际合作是世界学术界的共同目标，而且还是确保高等教育机构的工作性质和效果所不可缺少的条件。高等教育已在知识的发展、转让和分享方面发挥了主要作用，因而学术上的国际合作应为全面开发人类的潜力作出贡献。目前国际学术交流与合作研究主要有以下几种方式。

（一）通过有关国际组织进行国际合作研究的方式

通过联合国教科文组织等机构设立有关项目进行共同研究。如 1972 年联合国大会决定设立的联合国大学以网络的形式将世界各大学的研究、研修中心与有关机构联系起来，对地球环境、人口、城市、世界和平等问题进行研究。

（二）通过校际交流的方式

以日本为例，日本到目前为止已有多所四年制本科学校与国外高校签订了各种国际学术交流的正式协议，合作对象多为美国、中国、英国等国的高校；他们与一同合作研究的国家，各自设立"定点学校"，根据特定研究领域的交流项目，在其他大学的协作下，各大学之间进行有组织的共同研究。

（三）通过研究人员流通交流的方式

即各国邀请国外学者来访问、讲学或派本国学者出国留学、访问等。通过国际会议进行学术交流。各国都制定了一些制度支持、推动学者积极参加国内外组织的各种学术活动，开展学术信息交流。如资助研究成果的发表、推动高校通过国际互联网交流数据和研究成果等。

六、教育资源的国际共享

现代交通和通信技术突飞猛进地发展，缩短了时空的距离，使各国间人

员、物资、信息的交流变得极为便利,这就给一些教育资源的国际共享提供了条件。从信息资源的角度来说,现代信息传播的便捷性,尤其是信息高速公路的世界联网,使得信息资源能够实现一定程度的国际共享。如在1996年7月,中国—泰国—日本三国多媒体远程教育系统开通。该项目由日本邮政省电波部立项,北海道信息大学组织实施,以中国南京大学和泰国索克多王工业大学为合作对象。当时这是由政府出面组织的跨国界实施教育、进行国际合作的最新尝试之一。此外,国际互联网、虚拟大学、电子图书馆等设施把全世界各个角落的学生、学者、研究人员联系起来,使他们坐在家中就能掌握最前沿的科技知识,了解最新的学术动态,与地球另一端的有关人员进行探讨。从物资资源的角度来说,目前物资资源在国际范围内的流通更加广泛快捷,而它们主要通过两种方式进行流通:一是通过国际有关组织的协调,如联合国教科文组织、经济合作与发展组织、世界银行等,从多方面进行援助,帮助各个国家尤其是发展中国家发展教育事业。如世界银行向中国贫困山区提供的无息贷款,组织各国专家就有关教育问题进行研究等;二是发达国家对发展中国家的援助,即提供人员、技术和资金方面的支持。如派出专家、学者到发展中国家讲学、任教,在教学设备或教育技术等方面提供技术援助,向发展中国家大学提供研究经费,向国外留学生提供助学金等。这些方面的援助使发展中国家在一定程度上克服了技术落后、资金不足等困难,能够跟上世界高等教育发展的潮流。

七、强化外语教学

语言是交流的工具,是实现国际化发展的基础。在欧盟国家,要求各会员国之间实现资本、货物、人员、劳务自由流动,他们认识到只有加强外语教学方可实现相互间文化的了解以及交流与合作,才能解决学历、证书、文凭和学位的相互承认。日本在培养富有国际品格的人才时强调:改进外语教学,提高外语教师水平;加强日语教学,尽快培养对外语教师和研究人员,二者都是日本高等教育国际化征途中必须解决的问题。

第二章 高等教育国际化发展策略
——以职业教育为例

第一节 中国高等教育中职业教育国际化认知策略

一、坚定方向是根基

引领职业教育服务国家是我国发展社会主义职业教育事业的重要指向。高职院校国际化发展应以习近平新时代中国特色社会主义思想为指导，以服务国家战略为根本，坚持社会主义办学方向，推动我国向教育强国、人才强国的目标迈进。

一是高职院校国际化建设要服务国家进一步对外开放。2019年6月，习近平总书记在二十国集团领导人第十四次峰会上发表重要讲话，宣布中国将进一步开放市场，努力实现高质量发展。进一步扩大对外开放，既是我国产业经济全面融入世界经济体系的客观需要，也是我国产业转型升级的内在要求。高等职业教育通过国际化发展助力我国对外开放，助力我国产业、企业走出去，是其必然选择。高职院校通过国际化建设，积极参与国际竞争，在国际职业教育的大环境中引进、借鉴优质资源，实现我国高职教育资源输出，提升我国高职教育的国际影响力和话语权，助力我国高职教育走在世界前列。

二是高职院校国际化建设要服务"一带一路"倡议。"一带一路"倡议是构建人类命运共同体的伟大实践，是我国坚持对外开放基本国策的战略性举措。近年来，我国高职院校掀起国际化发展的热潮，在很大程度上得益于"一带一路"倡议带来的历史性机遇和大好形势。当前"一带一路"倡议正处在全面推进的关键时期，高职院校不仅是要顺应时代大势，站在服务国家战略的高度,科学谋划学校在"一带一路"倡议中的责任与发展策略,助力国家对外经济发展建设;而且要把学校的国际化建设与国家"一带一路"倡议结合起来,既借力又助力,提升自身的国际化思维和能力,开阔视野,切实通过国际化进程提升对外开放的广度和深度,积极实现高等职业教育与国家建设的一体化发展。

二、提升认识是前提

(一)高职院校要提高职业教育国际化战略自觉

中华人民共和国70年国际教育交流与合作的历史证明,包括职业教育在内的国际化事业发展始终与教育现代化和国家现代化同向同行,受到政治、经济、文化、学术等内部因素和国际格局、对外关系等外部环境影响,但其中最根本的还是由一国综合国力和整体实力决定。习近平总书记关于教育对外开放的重要论述告诉我们:做好包括职业教育在内的国际化事业,有助于在互容互鉴互通中增强中国的综合实力,有利于整体提升我国人才培养的质量水平,有利于提高我国各种软硬实力的同时壮大知华友华的国际力量。

(二)高职院校要提高职业教育国际化战略自信

今天的中国已成为全球有影响力的国际教育中心之一,不但拥有世界最大规模的外语学习人口,而且建成了世界上影响最大的语言推广机构;不但持续保持世界最大的留学生生源国地位,而且稳居亚洲最大留学目的国位置;不但成为引进世界优质教育资源开展合作办学最多的国家,而且成为积极探索境外办学、重点为"一带一路"沿线国家提供教育服务公共产品的最大发展中国家;不但在世界百年未有之大变局中始终保持战略定力,始终坚持打开国门搞建设,始终坚持教育对外开放毫不动摇,加快和扩大教育对外开放,学习世界一切有益的文明成果,努力做强中国教育,对内服务构筑中华民族精神共同体、实现中华民族伟大复兴的中国梦,而且对外积极共建"一带一路"教育共同体,深化双边多边教育合作,参与和引导全球教育和人文治理变革,成为全球最大的成体系成规模、官民并举、旗帜鲜明加快教育有序开放、推动人文交流和文明互鉴、服务构建人类命运共同体的世界大国。这些都是加快扩大对外开放、做好新时代职业教育国际化的坚实基础和自信之源。

习近平总书记关于教育对外开放的重要论述,基于全球治理赤字、发展赤字、信任赤字的大背景,始终坚持把教育作为服务中华民族伟大复兴和构筑人类命运共同体的重要使命这一高度来推进,既坚持原有的多边世界格局和秩序,又不忘有理有节地推出"一带一路"倡议等助力走向民族复兴、服务人类进步的擘画;既要坚持以我为主、扎根中国大地办好教育,又要以海纳百川的博大胸怀,学习借鉴世界一切国家和民族优秀文明成果;既要积极搭建民心相通、文明互鉴的人文交流桥梁,又要积极传播中国声音、讲好中国故事、塑造中国形象,为实现强国目标和民族复兴营造有利的外部发展环境。

(三)高职院校要提高职业教育国际化战略作为

高职教育国际化是高职院校的基本职能和使命,要在积极主动服务职业教育改革发展、国家教育现代化建设和"走出去"战略中,促进同教育教学、人才培养、社会服务、科学研究、文化传承与创新等职能深度融合。首先,做好高职教育国际化发展事业,是深化职业教育改革发展的必然要求,因为它与经济、社会发展最密切相关,是服务全面对外开放和"一带一路"建设、深化我国与世界融合发展的有力抓手,是贯彻"职教20条"的重要支柱,必将为职业教育大发展带来先进的理念、思想、模式、方法和优质的资源;其次,做好高职教育国际化发展事业,也是中国教育现代化的必然要求。实现教育现代化、做强中国教育是民族复兴的基础工程,在全方位对外开放新格局中开展中外人文交流、促进民心相通是建设"一带一路"倡议的基础,推进各国人民相知相亲、搭建民心相通的桥梁是职业教育的职责使命。同样的道理,职业教育是整个国家教育体系的重要组成部分,职业教育的现代化既是国家教育现代化的重要内容,也是教育现代化的重要支撑。职业教育国际化要坚持以开放促改革促发展,提升国际合作与交流水平,成为教育现代化的有力支撑;再次,做好高职教育国际化,还是履行负责任大国担当角色的必然要求和重要手段。进入新时代,深度参与全球治理,打造中国职业教育品牌,走向世界教育舞台中心,对职业教育国际化提出了新的更高的要求。做好高职教育国际化是服务国家重大战略、提高职业教育办学水平的重要举措,是推进各国人民相知相亲、搭建民心相通桥梁、助力人类命运共同体建设的重要支撑,是不断提升我国职业教育质量、服务职业教育现代化、拓展中外人文交流、建设教育强国和提升国家软实力的重要内容。

(四)高职教育国际化发展的政策要有完备的宏观设计和微观细化

从宏观层面,相关政府部门需制定国际化战略规划,确定高职教育国际化未来几年的发展目标、方针和任务。国际化战略规划的制定要注意把握教育对外开放的原则:一是"加快"和"扩大"原则;二是"提质"和"增效"原则;三是"稳步"和"有序"原则。从宏观层面,逐步完善高职教育国际化相关的政策法规,规范和保障国际化相关工作,如规范国际化合作办学,防范风险,保障国际化发展的经费投入,并落实到位。从微观层面,高职院校制定适合自己学校特色的国际化行动实施方案和细化的规章制度,如来华留学生管理制度、教师外派管理制度等确保各项工作的落实。另外,建立高职院校国际化发展的评价体系和质量评价指标,对国际化工作全过程进行监测预警,开展诊断性考核,保障国际化办学的质量。[①]

(五)高职院校在考虑国际化发展时应做到"知己知彼"

"知己"是立足校情,明晰学校的办学定位和办学条件,明确国际化在学校发展中的意义和路径选择,包括学校需要怎样的国际化作为办学支撑,学校可输出哪些理念和资源,学校国际化形成了哪些特色,学校国际化水平在本区域内、在国内属于什么样的层次等。切忌盲目跟风,照搬照抄,要实事求是,综合考量,树立科学的且具备融合学校、区域、行业特色的国际化办学和育人理念。

"知彼"是充分研究潜在的合作对象,认知其合作需求,掌握其"痛点"和"兴奋点"。以与"一带一路"沿线国家合作为例,"一带一路"涉及65个国家

---

①宿莉,吕红.高职院校国际影响力:特征与对策——基于近三年"国际影响力50强"高职院校的质量年报数据可视化分析[J].中国职业技术教育,2020,754(30):48-54.

和地区,各国国情民情、文化习俗都不一样,与"一带一路"沿线国家合作,高职院校先要了解目的国政府、企业、学校和我国"走出去"企业的需求,以及与他们合作的注意事项等,然后依据自身的办学优势和特色,精准选择和开展合作项目。学校可成立目的国国别研究中心,或借助本科以及其他高职院校智库的力量,深入了解目的国的情况。如教育部中外人文交流中心和南非高等教育与培训部工业与制造业培训署成立"中南职业教育联盟",常州信息职业技术学院牵头成立"中国—南非产业合作与职业教育研究中心",国内的南非产业研究专家和中资驻南非企业的专家共同研究南非,包括非洲的人文历史、经济政策,探索中非在职业教育方面的合作领域,更好地服务中非经济发展和中非命运共同体建设。

我国高等职业教育起步晚、底子薄,各地发展不均衡,因此,要更积极地学习国外优秀的职业教育理念、人才培养模式,但都必须符合我国的具体情况和实际需求,这就需要进行认真取舍,有用的就选择,没用的就放弃,同时对不适应或部分适应的进行改革创新,也就是推进高等职业教育本土化。我国高等职业教育在国际化发展过程中,先后借鉴过德国的双元制办学模式,美国的个性化、能力本位教学方式,日本的企业职业培训经验等,这些学习借鉴都结合了我国高等职业教育的实际情况,也考虑了职业教育的地域不同,有针对性、有区别地选择和试验,取得了不错的效果,这种高等职业教育本土化的过程是我们走向国际化关键的一步,也是重要的一步。在结合国情,保持自身特色的前提下,我国高等职业教育应坚持走国际化道路,学习西方良好的高等职业教育观念、办学模式、政策规范等,做到"以我为主,为我所用",发展具有中国特色的国际化高等职业教育。

因此,高职院校要以特色办学为主线,形成差异化办学格局,注重特色发展:一是要树立独特的办学和育人理念。高职院校国际化发展既有共性规律,也要凸显个性。不同高职院校的办学定位、办学条件及所面向的地域不同,高职院校国际化切忌盲目跟风、照搬照抄,要按照解放思想、实事求是的原则,根据学校实际制定国际化发展的目标、定位、方向和指导思想,面向不同地域及合作伙伴,树立特色化的国际化办学和育人理念;二是要着力打造特色专业并形成专业特色。专业是高等职业教育人才培养的载体,高职院校要凸显国际化发展特色,关键在于打造特色专业并形成专业特色。高职院校要结合自身办学实际与国际劳动力市场需求,打造既能体现中国职业教育特点又能满足国际劳动力市场需求的专业,彰显中国高等职业教育的独特优势。同时,高职院校要在一般性专业教育中凸显中国教育特色,如注重思想政治教育、强调集体主义精神等。

三、避免误区有必要

高职院校的国际化步伐日益加快,既取得了一定的成果,也暴露出一些值得警惕和防范的误区,主要体现在“为国际化而国际化”“朝秦暮楚的国际化”和“盲目‘输出’的国际化”三个方面。

(一)为国际化而国际化

少数办学实力比较雄厚的高职院校基于其科学的规划和超前的国际化视野,及早布局、先行一步,通过深度合作、外派师生实习实训、聘请发达国家(地区)的专家前来指导等,大大拓宽了办学思路,在国际化进程中高歌猛进,取得了不俗成就。

然而,一些院校为满足本就脱离实际而制定的指标或追求国际化带来的名和利,错误地将国际化视为一种经营方式,背离了国际化的初衷。只要一项指标被强化,高职院校则不论自身条件是否具备、对学校发展是否必要,都要千方百计争取。这些院校大多缺乏自主、特色、差异化发展的自觉性,不习惯在没有明确指标导向下办学,同质化倾向严重。一些本身实力偏弱的高职院校对内涵式发展用心不足,将有限的人力、财力、物力用于追赶国际化潮流。学院的国际交流看似频繁,与海外若干应用技术大学签订了合作协议,外派教师和学生的数量连年提高,来访的海外专家有增无减等,实际上因为自身基础薄弱,与海外较高水平应用技术大学无法有效对接,外派师生也很难在国外认真细致地学习和接受培训。海外专家来校指导,大多也只短暂停留,培训上蜻蜓点水,起不到应有的效果。有的高职院校"高攀"不上海外名校,只好通过各种关系去联系办学水平较低的职业院校,结果是花费不菲,只谋得一纸低层次的合作协议,对学院的国际化并无裨益。《2017年中国高等职业教育质量年度报告》首次公布"国际影响力50强"榜单后,这一风向标越发明显,越来越多的高等职业院校招收来华留学生。《学校招收和培养国际学生管理办法》明确规定,高等学校在具备相应教学条件和培养能力的前提下,可自主招收来华留学生、自主确定招生专业。部分学校片面地认为,招收留学生属于学校办学自主权,但忽视了学校是否已经具备了招收来华留学生的教学条件和培养能力这个必要前提。这个前提如果缺乏必要的审核,会让一些尚不具备条件的学校出于各种动机,不顾自身实力、没有充分准备、降低录取标准而仓促上马,甚至为了扩大规模而盲目竞争。

在外国留学生招生和培养上,江苏做了良好的示范。近年来,为规范并加强江苏外国留学生的教育和管理工作,江苏省教育厅每年在全省范围内开展留学生教育专项检查工作,对刚启动来华留学教育的院校更是全覆盖检查。抽检院校需向省厅提交本校外国留学生教育和管理工作报告,省厅派驻检查工作组到校听取该校在留学生招生、在校管理、教学实施、保障条件等方面的介绍,并仔细查阅学校留学生工作的各项材料,观摩留学生现场教学、走访留学生宿舍并和学生交流,重视留管工作中的痕迹管理。针对省厅下发的检查指标,院校还需从留学生教育和管理工作质量如何提高、管理如何规范、政策如何完善、风险如何防范等方面提出学校的解决措施和应对思路。工作组对院校的留学生工作提出意见和建议,院校依据意见和建议进一步排查、梳理留学生工作中存在的问题点,并提交整改报告。各院校本着"以检促改"的原则,在今后的工作中"强管理、重质量、推亮点",保障江苏省来华留学教育的健康、有序和规范发展。

(二)朝秦暮楚的国际化

职教发达国家和地区历经长期实践形成了本国、本地区、本校的办学风格和特色。作为现代职教后起国家,需要通过借鉴和取舍,最终形成适合中国特色的职教模式。在高职院校的国际化发展过程中,一些高校至今仍缺乏明确而坚定的办学方向,企图走"捷径",从国外直接"移植"或"嫁接"先进理念。有的上一年借用荷兰的能力本位模式,下一年改为学习德国的双元制模式;有的今年声称要借鉴美国的生计教育理念,明年又转而"改宗"澳大利亚的TAFE模式。少数院校在短短十多年里,已经多次改换门庭,把欧美较有影响的职教模式都尝试了一遍,到头来连自己也不知道"我是谁"了。有的高职院校同时引进海外多种职教模式,力图通过融合产生一种创新型模式,却忽视了起根本性作用的国情、区情和校情。这种脱离自身实际、简单捏合的模式,最多只是字面和形式上的翻新,并非真正创新。

(三)盲目"输出"的国际化

随着"一带一路"倡议深入人心,大量中国企业已经或正在"一带一路"沿线国家大显身手。从沿海到内地,许多地区的高职院校也在纷纷摩拳擦掌,布局"一带一路",将"一带一路"倡议作为其走向国际化的重要机遇。不过,从一些高职院校的发展规划看,存在对合作国家、院校和项目了解不够,急于抢占欠发达国家职教桥头堡的心理,容易导致盲目输出。其中,一些输出重文轻技,虽然打着技能输出的旗号,实则以传播中国传统文化为主,并未将自身优势与当地对技能技术的渴求形成契合,这就容易与普通高校的孔子学院重叠。

另外,一些高职院校之所以盲目输出,还因为过于高估自身的办学实力,带着一种居高临下的心态去"指导"别国。事实上,近年来我国高职院校虽有长足进步,但整体实力依然较弱,其中师资是最大的一块短板。虽然近些年大部分高职院校不断加大引进海归硕博高层次人才的力度,但总体上来讲,高职院校教师用英语作为授课语言的能力还比较弱,极大地限制了专业资源,如专业标准、专业课程的对外输出。调研显示,高职教师在给留学生开设全英文课程时,对自己的英文表达能力缺乏自信,在面对母语是英语的留学生时更是如此。因此,借助"一带一路"走向国际化,需要放下身段,相互取长补短,在输出自身优势技能的同时,虚心吸收沿线国家职教的成功经验和较高水平的技能技术,同时,鼓励教师夯实外语基础,从而不断提高高职院校的国际化办学水平。

作为高等教育的重要组成部分,高等职业教育的国际化趋势不可阻挡。如何通过国际化之路,不断强化高职院校的内涵式发展、努力提升办学实力,需要谋定而后动。切不可"脱实向虚",甚至步入国际化的形式主义。

第二节 中国高等教育中职业教育国际化推进策略

一、机制健全是基础

高职院校国际化既受到外部环境的影响,更受到学校决策者对学校发展阶段、区域发展环境和国际化关系的认知驱动。当前,高职院校决策者应充分认识国际化是高职院校发展的必由之路,建立健全国际化管理体制机制是高职院校国际化办学有序开展的必要环节。

(一)完善国际化发展组织架构

成立由熟悉国际交流、国际教育或国际标准的人员组成的国际合作部门,在学校党委外事工作委员会的领导下,依据国家关于职业教育的政策和文件,研究制定学校中长期的国际化发展方案,将其纳入学校发展核心环节。围绕制定的重点目标和任务,全面统筹与国际化建设发展相关的资源。各部门设立国际化工作协调员,与国际合作与交流部门一同贯彻落实学校的国际化发展战略。对于开展来华留学生教育的学校,应设立国际教育学院(国际学院)等来华留学生工作归口管理部门,完善来华留学生教育的各项规章制度,扎实做好招生宣传、学生管理、汉语推广及对外文化交流等工作。

(二)建立国际化协调运行机制

从政府层面来讲,应建立支持高职教育输出的统一协调机制。加强高职教育"走出去"的顶层设计,研究高职教育输出所涉及的业务范围,梳理相应的负面清单,为政府制定支持政策提供指导意见;建立支持高职教育输出和引导职业教育服务"一带一路"的协调机构,加强外事、人社、教育、财政部门和驻外、援外机构的沟通协调,统筹相关政策的研究、制定和出台,防止政出多门;加强"一带一路"沿线国家对职业教育相关的人才需求、资源需求等方面的信息整合,将相关信息、资源与服务"一带一路"有基础、有条件的高职院校进行对接,增强职业教育输出"一带一路"国家、助推经济国际化的针对性和有效性。

从学校层面来讲,对内需明确国际化工作不仅仅是国际合作部门的工作,而是全校一盘棋,涉及多领域、多部门的工作。建立由国际合作部门主导,相关职能部门和教学单位密切配合的国际化协调运行机制。强化宣传教育,使师生充分认识国际化对学校发展的重要意义,充分调动其参与学校国际化工作的积极性,积极谋划国际化发展新思路。实行信息共享机制,定期召开国际化工作会议,有序推进国际化发展,避免因信息沟通不畅引起的贻误发展时机,推诿扯皮等现象。[①]对外则通过建立办学合作机制、资源共享机制、利益分配机制等规范各教育主体的行为,激发各方的国际化办学热情,保障各方的办学利益和成果。此外,强化思想引领与宣传教育,让教职员工深刻理解推进教育国际化的紧迫性和必要性,理解推进国际化对学校未来发展的深远影响,主动了解和参与教育国际化建设,积极谋划国际化发展新思路,创新国际化发展新模式。

(三)建立国际化办学考评机制

机制建设还应涵盖考评管理,高职院校应采用灵活多样的考核方式,对参与学校国际化发展的管理部门、国际化程度较高的教学部门进行考评,以带动其参与建设的主动性和积极性。首先,将服务和保障国际化工作开展作为教务、人事、学工、科研管理等职能部门的考核指标,推动职能部门积极参与学校国际化项目建设;其次,二级学院是高职学校国际化办学的重要实施

①张慧波."双高"建设背景下高职学校国际化发展策略[J].教育与职业,2019,949(21):47-51.

主体,要将国际化资源引入、国际化人才培养、开展国际化合作与服务作为二级学院考核的重要内容,推动二级学院积极开展国际交流合作,在学院内部形成压力和动力的有效传递;最后,教师是高职院校国际化办学项目的具体执行者,要将提升国际化教学能力等作为教师专业发展的重要内容。如将参与国际化办学项目、出国学习和工作经历等作为专业教师职称评聘的重要依据,同时出台多项制度文件,强化教师"双语"能力培养,激励教师赴国(境)外进修、工作,有效提升教师国际化环境下的工作能力。

(四)建立国际化经费保障机制

政府应设立高等职业教育国际化专项经费,激发院校国际化办学的积极性。做到经费在公办与民办高职院校之间、不同区域院校之间的合理分配,充分发挥民办院校管理体制的灵活性、人才培养的市场性等优势。引导边远地区高职院校充分利用地缘优势,在国际化工作中积极对接国家"一带一路"倡议。比如,广西充分利用地域优势,和东盟国家开展了富有成效的合作,搭建了东盟语种人才培养基地、中国—东盟大学智库联盟、中国—东盟边境职业教育联盟等对外合作平台,政府给予平台建设经费支持。同时,逐步增加广西政府东盟国家留学生奖学金额度,把广西建成东盟学生留学主要目的地,打造"留学广西"品牌。

此外,学校应在进行项目可行性论证、绩效分析等充分调研的基础上编制国际化工作预算,制定资金管理办法,做到钱与事相结合、任务与考核相结合,提高资金使用效率。逐步建立并完善多元经费投入机制,多渠道融资,吸收各类社会资本对高职院校国际化项目的投入,尤其是要加强与"走出去"企业的合作,形成多渠道经费保障机制。

二、搭建平台是重点

搭建平台是高等职业教育实现高质量发展的重要途径。高质量的平台是高职教育走向国际化的"立交桥",对推进高职教育开展国际合作与交流、提升国际化影响力具有重要作用。高职院校应树立平台化发展思维,在做好既有平台项目的基础上,积极组建多方参与的职业教育联盟,参与政府或行业协会搭建的国际合作和交流平台,与"走出去"企业合作办学,不断提升学校的国际化办学质量和服务水平。

(一)积极参与政府或行业协会层面搭建的国际合作和交流平台

高职院校可充分利用中国教育国际交流协会丰富的国际化资源,如"高端技能型、应用型人才联合培养百千万交流计划""中国-中东欧国家教育能力建设"等项目,院校抱团、齐心聚力,积极推动中国高职教育走向世界。教育部、外交部及贵州省人民政府合办的"中国-东盟教育交流周"已举办了8届,致力于打造中国与东盟国家教育合作品牌,被列入《中国-东盟战略伙伴关系2030年愿景》和《澜沧江-湄公河合作五年行动计划(2018—2022)》,成为双方在教育领域最重要的机制化交流合作平台。迄今为止,"中国-东盟教育交流周"的参会学校及教育机构逾千所,签署近800份教育协议或合作备忘录,为加深中国与东盟国家之间的友谊,推进双方在教育领域的务实性合作作出了积极的贡献。

此外,可积极参与教育部中外语言交流合作中心境外孔子学院/课堂项目,与本科联建院校一起,发挥孔子学院/课堂遍布于世界各地的优势,拓展其传播中国语言和文化以外的职能,使其成为国家职业技术技能培训输出的重要阵地,特别是为在"一带一路"沿线国家的中资企业的当地员工提供语言和职业技能培训服务。2019年9月,孔子学院与泰国职业教育委员会合作的泰国首届职业教育"中文+职业技能"赛举行。来自泰国各地的1168名职业院校学生参加了比赛,比赛内容覆盖铁路、航空、工业机器人、新能源汽车等7个领域,取得了良好的示范效应。

(二)组建由中外政府部门、行业、企业、院校等参与的职业教育联盟

充分利用联盟内成员具备的信息和资源优势,为学校国际化发展提供决策依据,降低国际合作交流的风险,实现国际化的精准和高效发展。比如,2018年10月,山东理工职业学院与泰国曼谷职业教育中心合作共建孔子六艺学堂,按照"汉语+文化+专业+产业"模式设计开展学历教育与职业培训,旨在将中国优秀职业教育成果输出到泰国,服务走出去的中资企业,助力中泰产能合作,培养"一带一路"建设需要的高技术技能人才。泰国曼谷职业教育中心认为,中国提出的"一带一路"倡议与"泰国4.0"计划、"东部经济走廊(Eastern Economic Corridor,EEC)"计划相契合,尤其是泰国政府提出的东部经济走廊计划中,有70%的投资者来自中国,泰国非常注重优秀人才的培养和汉语的学习。中国的职业教育领先于泰国,孔子六艺学堂的合作建设对于泰国职业教育是一个非常好的学习与发展机会。再如,成都纺织高等专科学校联合中外20余所高校成立"一带一路"国际艺术教育联盟,吸引国内外72个高等教育机构、行业协会、研究机构和博物馆加盟;浙江交通职业技术学院联合30余家职业院校、研究机构和企业,组建"中国-东盟交通职业教育联盟";黎明职业大学发起成立"海上丝绸之路职业教育国际化联盟";广东轻工职业技术学院牵头成立广东省"一带一路职教联盟",政校行企成员达89家;宁波职业技术学院牵头成立发展中国家职业教育研究院,与孟加拉国文凭工程师协会、斯里兰卡职业技术大学合作成立"中国-南亚职业教育研究中心",在孟加拉国设立"孟加拉国-中国职业教育研究中心",在斯里兰卡设立"斯里兰卡-中国职业教育研究中心"。

2017年3月,苏州市职业大学在巴基斯坦玺福林集团、江苏圣祥林控股有限公司的牵线下,与巴基斯坦吉尔吉特·巴尔蒂斯坦地区教育厅共同成立中巴经济走廊文化交流中心,在中巴经济走廊项目的框架下开展两国教育与文化交流合作。一方面,积极开展中巴人文交流活动,增进两国间了解和友谊;另一方面,为巴基斯坦经济发展和中资"走出去"企业培养技术技能人才。截至2020年7月,首届37名毕业生里有17人进入中资驻巴基斯坦企业实习,5人实现在中资企业就业。2019年10月,为促进我国与东南亚国家间教育资源共享、协同创新和合作共赢,苏州市职业大学联合国内40余家高职院校,马来西亚、印度尼西亚、柬埔寨三国12所高校,与马来西亚国际文化交流中心、深圳众为兴技术股份有限公司等单位共建东南亚职业教育产教融合联盟。联盟成员共享教育资源和信息,探索开展双边、多边联合办学,构建跨国、跨校的人才培养机制。迄今为止,联盟已建成3所聚焦工业机器人技术人才培养项目的"一带一路"产业学院,中国、印度尼西亚、马来西亚和柬埔寨共9所院校参与该项目,致力于为合作国和我国"走出去"工业机器人企业培养技能人才。

(三)与"走出去"企业实施境外办学,共建援外教育平台

高职境外办学是在国家构建"人类命运共同体"的倡议下应运而生的,与国家层面的对外援助战略密不可分。

教育主管部门可统筹部署高职境外办学,协调教育、外交、商务、文化等部门资源,形成职业教育援外合力。同时,引导高职院校在中资企业海外业务量大,或者企业急需开拓业务并具备良好市场潜力的国家和地区办学,取得良好的办学效益和示范效应后,带动相关院校共同"走出去"。鼓励高职院校搭建高职教育输出的协作与交流平台。支持"走出去"企业与高职院校联合组建职教集团,进一步深化产教融合,开发跨境产学合作项目,鼓励相关高职院校参与企业海外业务拓展项目建设;组建高职院校参与"一带一路"的协作组织,设置职业教育领域中外合作拓展与交流项目,推动高职院校抱团合作,形成合力;依托办学实力强、"走出去"办学有一定基础和经验的高职院校,参照国家汉办开设孔子学院的做法,在海外建设若干以"促进技术技能人才培养,促进丝绸之路经济带和21世纪海上丝绸之路建设"为目的的"丝路学院";引导高职院校国际交流活动向"一带一路"沿线国家聚焦,在向美国、澳大利亚、德国等职业教育发达国家学习借鉴的同时,引导不同高职院校根据自身办学的特点,重点选择"一带一路"沿线相对固定的区域开展稳定合作,推广较为成熟的做法和经验,共同为"一带一路"建设服务。例如,浙江省宁波市建立"一带一路"产教联盟,积极打造"一带一路"职业技术培训基地,直接服务于"一带一路"沿线国家的技术培训需要,以金华职业技术学院为代表的一批浙江高职院校参与其中。

作为境外办学的主体,高职院校首先应将自身"走出去"的需要和职业教育援外服务结合起来,服务国家开放发展大局,如无锡商业职业技术学院与红豆集团联合申办柬埔寨西哈努克港工商学院,助力中柬国际产能合作园区建设。国际化办学容易受到国家政治、经济、文化差异和双边关系的影响,存在许多不确定性。在目的国摸爬滚打多年的"走出去"企业,熟悉目的国家的整体社会情况,高职院校与其合作,能有效避免教育跨国流动的壁垒,降低潜在的合作风险。对于新拓展海外业务的企业,高职院校应利用学校技术、语言、管理方面的优势,补齐企业短板,与企业共拓境外教育市场。企业为高等职业教育国际化办学活动提供平台,尤其给予学生实习和实践的机会,使学生了解中国企业的技术工艺、生产管理和企业文化,为今后学生高匹配就业,高质量服务该行业发展打下基础。高等职业教育则依据当地产业发展和产业工人受教育的现状,结合企业的实际需求,合理制定培养、培训方案,满足企业海外生产经营的人才需求。高职院校应遵循《高等学校境外办学指南(试行)(2019 年版)》文件精神,从招生与学籍、教学质量评估、跨文化管理、风险管理等方面规范境外办学流程。

比如,金华职业技术学院在非洲国家卢旺达设立海外分校,共建穆桑泽国际学院,为当地开展职业教育培训提供支持和援助。在鼓励职业教育集团化发展的背景下,高职院校要与"走出去"企业进一步建立职业教育集团,由院校派师资加入企业海外培训部门,在调研论证当地产业现状和文化风俗的基础上,共同开展"出海"员工的培训,并与当地的企业骨干共同开展海外公司、办事机构和业务需要所聘用当地劳动力的上岗培训和各类技术技能提升培训。此外,通过加强职教集团与"一带一路"沿线当地政府的合作,直接在海外建立职业教育培训机构,扩大职业教育培训的成果和影响力。截至2022 年,我国高职院校已与70 多个国家和国际组织建立了稳定联系,有400余所高职院校与国外办学机构开展合作办学。

再如,2020 年 9 月,为积极响应习近平总书记建设中非命运共同体和中非"八大行动"倡议,促进中国与南非两国职业教育发展,服务苏州制造业"走出去"，苏州市职业大学与南非开普敦学院、南非中国文化和国际教育交流中心、亨通集团共建"中南非亨通智能制造学院"，积极对接南非职业技术院校五年提升计划，培养国际化人才。同时，开展职业教育、文化交流相关项目，实施"中文+职业技术"培训项目，探索专业标准、教学资源、国际化师资、国际化"1+X"证书等，实现海外本土化人才培养和企业需求的精准对接。

（四）搭建国际化科研合作平台

通过平台整合优质职业教育资源，协同开展"一带一路"职业教育研究，是深化高职院校国际化内涵、实现高职教育国际化创新发展的重要途径，有利于提高高职院校国际化决策的科学性和可行性。首先，成立专门的研究机构，深入了解发展中国家职业教育的需求。随着"一带一路"倡议的深入推进，我国与发展中国家职业教育的合作需求将越来越多，但一直以来，我国职业教育研究的对象国主要集中于发达国家，对发展中国家的研究较少，对其职业教育发展的需求把握也相对不足。因此，当前亟须开展"一带一路"沿线国家职业教育发展及其需求研究，为国际合作奠定认识基础；其次，成立国际合作机构，推进跨国职业教育的科研。跨国职业教育科研合作是深入认识相关国家职业教育的有效途径。通过引入目标国家的研究力量和资源，可以有效弥补传统仅通过文献或调研开展研究的不足；最后，举办国际学术研讨会，推动发展中国家职业教育交流与合作。国际学术研讨会是推介中国职业教育发展理念和经验、促进合作交流的重要平台，借助国际化科研合作平台，为"一带一路"沿线国家和区域的国际合作与交流提供"中国建议"，也为高水平高职院校建设走向纵深化提供支撑和保障。

三、专业建设是核心

（一）重视专业特色和品牌建设

专业是高等职业教育人才培养的载体，高职院校要结合自身办学实际和合作方劳动力市场需求，整合学校优势专业资源，打造能有效开展国际化人才培养的专业集群。积极引进国外的成熟标准，如欧盟的《欧洲资格框架》、德国的《培训资格条例》、美国社区学院的专业设置、英国的共同评价框架等，结合符合我国实际的标准，对照框架和内容进行分析、比较和开发。参与职业教育发达国家的专业国际认证，如《悉尼协议》《华盛顿协议》等，确保学校的人才培养体系和质量与国际标准接轨。探索将专业标准和职业资格标准对接国外企业，如"一带一路"沿线国家企业的技术标准体系等，在对接融合的基础上致力于打造中国职教品牌，增强高等职业教育专业的海外吸引力。同时，在专业教学中融入如"知行合一""终身学习""工匠精神""人人皆可成才，人人尽展其才"等中国特色职业教育的思想和理念。

（二）重视课程内容和质量建设

课程是专业建设的基础和落脚点。首先，高职院校要更新课程观念，要认识到课程国际化是高等职业教育国际化的必然结果。高职院校要以最新的职业技术国际化人才培养规格和专业建设的方向确定课程建设的目标、内容和评价方式等，构建开放的国际化课程体系。如德国针对"工业4.0"，积极开发"双元制"职业教育培训课程。通过确定"工业4.0"的通用行动领域，确定典型工作任务，对典型工作任务进行分析，发掘相应的能力要求，从而构建对应的学习模块。课程的开发需要通过企业、行会、学校以及政府的反复磋商与协调，一般情况下，新课程的出台需要4—5年时间。德国在新《联邦职业教育法》（2005年4月修订）中制定了很多职业教育与国际教育相衔接的措施，使"双元制"职业教育逐步与国际化发展接轨。如为了严格审视国际化素质教学，开设了国际化素质考试。该考试要求该科目结合综合课题，使相关的国际化素质在各个领域中得以体现，知识要点通过课题项目的形式表现出来，依据这些制定国际化素质考试的标准和要求。同时，在教育结构方面与国际通行标准接轨，增设外向型的学科专业，设立了欧洲学、汽车机电工程师、欧洲太阳能技师等国际性学科专业项目，并得到政府的资助。在培训的新职业中，还强调要积极学习外语、辅助能力及开展有关国际化素质教育的教学，实施有关逗留在国外的教育假期的新制度等，这些法规与监督体系为德国职业教育走向国际化提供了法律保证。又比如，澳大利亚在职业教育课程内容中加入许多最新的国际职业教育观点和理念,增加主要地域的文化特点和国家间跨文化内容的比例,及时把国外最先进的科学文化知识和科技成果补充到各个学科教学内容中。

其次,高职院校要依托有办学基础的、实力强的专业开展课程国际化建设,优势专业具备对国际化各要素快速反应的能力,会密切关注专业对应行业和企业的信息与资源,能以最快的速度传递到课程中来。此外,发挥该优势专业课程国际化建设的辐射作用,带动相近、相关专业课程共同发展。

再次,高职院校要寻求与国外优质院校、跨国企业及我国"走出去"企业合作,优势互补,结合国内外劳动力市场和岗位需求,按照能力导向、通用及实用性原则,共建如职业资格标准、实习实训标准等国际化标准。

最后,课程国际化建设要对接国际通用职业资格标准,使培养的人才能服务经济的国际化发展,同时,劳动力融入国际职业教育体系,便于其后续的学习提升。国际标准开发要注重"谁开发、怎么开发、如何使用"等问题,聚焦开发主体、开发过程和实施管理三个向度。要根据协同治理理论,组建一支具有国际视野的"政、行、企、校"多元协同开发团队,成员由教育部门政策制定者、行业专家、职教集团专家、大型跨国公司企业专家、学校的骨干教师、专业带头人、国外知名教育家等组成,代表着不同的行业背景、标准要求和价值取向。

(三)重视输出以专业建设为核心的我国高等职业教育的理念、模式和标准

参与国际职业教育标准制定,实现标准对外输出是我国高职教育提升国际影响力的必由之路。以课程标准为例,首先,课程标准输出可促进目的国,如"一带一路"沿线国家高等职业教育的发展。教育教学标准包含着高职院校的办学理念,规定了专业办学条件、课程与教学要求、管理规范和人才培养标准,是保证教育教学水平与人才培养质量的基本教学文件。面向"一带一路"沿线国家输出教育教学标准,能将我国先进的高等职业教育理念、人才培养模式、教育教学内容与方法等传播到沿线国家,推动沿线国家教育教学标

准建设实践与办学水平、人才培养质量的提升;其次,推动我国高职教育标准建设与内涵发展。在教育教学标准"走出去"的过程中,高职院校将会更加注重专业教学标准、课程标准等的研制,增强标准的科学性、规范性与国际化水平。因此,课程标准输出有助于进一步完善我国教育教学标准,推动高等职业教育内涵式发展;再次,增强职教话语权,提升国际影响力。教学标准包含技术标准、职业标准、文化与价值观,面向沿线国家推广教学标准,有助于厚植企业文化与中国技术,不仅能影响一所或几所院校,可能会影响整个行业或产业,有助于不同教育系统间的交流与认同,提升我国教学标准、文化和价值观的国际认同度,彰显文化与理论自信。

职业教育"走出去",核心是职业教育办学模式和职业标准"走出去",教育部等九部门印发的《职业教育提质培优行动计划(2020—2023年)》指出,要"引导职业学校与国(境)外优秀职业教育机构联合开展学术研究、标准研制、师生交流等合作项目,促进国内职业教育优秀成果海外推介"。比如,浙江省的高职院校在中外合作办学、联合办学过程中,将适应国际化办学的课程资源开发和双语教学内容作为教育国际化的重要评价指标,大力推进课程资源的国际化。"十三五"初期,浙江省共有32所高职院校开设了全外语课程,如浙江旅游职业学院、宁波城市职业学院开设的双语课程超过100门。在课程资源建设的进一步深化过程中,要将企业发展案例作为职业教育输出的教材内容,鼓励高职院校以项目化的方式联合组建开发团队,面向各个产业领域开发"一带一路"沿线职业教育欠发达国家适用的教材和培训。同时,借助外语师资,将教材和培训转化为多国语言版本,输出职业教育的中国方案和中国模式。

要实现以职业教育标准为核心的资源输出,应做到对内推动职业教育标准研制,对外推动职业教育标准输出。政府应认识到标准在职业教育国际化中的重要作用及标准输出的战略意义,明确职业教育标准输出工作的整体战略部署。成立由教育部、商务部、国家标准化管理委员会等部门联合组成的教育标准领导工作小组,布局国家职业教育标准输出战略,对牵涉跨部门和跨领域重大标准的制定进行统一组织协调,将标准研制和输出工作纳入国务院职业教育工作部际联席会议内容。组建"一带一路"智库,聚焦"一带一路"沿线国家的职业教育、法律法规、"走出去"风险防范等研究,为高职院校输出教育标准提供指导和保障。建立由省市级教育主管部门牵头,依据区域职教特色,由熟悉标准研究制定的专家、"走出去"企业的管理者、一线教师、外事人员等组成的标准建设和输出工作实施小组,明确对内对外工作机制,统筹标准的制定、修订、输出和质量监管工作。做好标准的多语种文本翻译工作,扩大受众市场。建立职业教育标准"走出去"的评价体系,聚焦标准的质量建设评价和标准输出后的认可度评价。可参照高校中外合作办学质量保障实施意见,研究制定教育标准的质量认证和评价方案,由院校自主申请,认证结果由教育主管部门采信。高职院校在加大对国际职业教育通行资格和标准的跟踪、评估与转化力度的同时,要做好"三对接":对接目的国政府部门,开展劳动力资源调研,了解劳动力需求状况,掌握办学政策法规;对接目的国职业院校,了解当地职教发展水平,对比研究两国职业标准等;对接目的国的中资企业,结合目的国劳动力市场和企业对人才的需求,共同开发专业教学、实习实训等职业教育标准。

教育主管部门要积极构建全方位、多维度、广渠道的立体化宣传格局,对外展示我国职业教育标准及发展成果。高职院校要参与教育领域国际标准研讨活动,发挥院校,尤其是交通、农业类特色院校担任国际教育联盟中方负责人或协调员的作用,对外大力推介我国高铁、农林农牧类等职教标准。主动参与国际标准组织和技术机构并承担有关职务,提升我国在国际标准制定工作中的话语权。对目的国机构或院校人员开展标准解读和培训工作,通过配套集音视频、图片、文本等数字化资源于一体的在线开放课程,助力标准"走出去"并真正"走进去"。在境外建立基于中国职业教育标准打造的人才培养基地,中国标准贯穿于援外职业培训的始终,筑牢标准"走进、走深、走实"的根基。通过与外方合作办学、主办职业教育交流活动、参与世界教育大会和校长论坛等多元化的国际合作,增进与其他国家间的文化互信,促进民心相通,顺利推动职业教育成果"走出去"。此外,改革教育激励和评价机制,将国际化建设相关成果纳入教师的考评体系,给予职称评聘、经济补贴等优惠政策,激励教师积极参与国际化工作。

在社会分工细化的产业背景下,高职院校在办学过程中始终保持专业建设与产业需求同步,专业门类齐全,特色鲜明,积极参与我国相关行业和产业标准的制定。在对接国外产业标准和职业资格标准的基础上,与"走出去"企业通力合作,争取国际行业标准制定的话语权,努力让我国的职业标准成为世界标准的引领者、主导者。

四、师资建设是关键

教育的根本任务是育人。要培养具有国际意识、国际竞争力的一线技术技能人才,高职院校须建立一支具备国际视野、国际育人理念和本领的师资队伍。师资队伍建设不仅包括专业教学和科研工作人员,也应包括管理和教辅人员,如来华留学生辅导员等。政府应认识到推进高职院校教师的国际化发展是当今世界高等教育发展的主流趋势,依据当前高职院校师资国际化的现状,出台相关教师培训培养政策;教育资源多向高职院校倾斜,如提供国际化师资队伍建设的专项资金等。高职院校要将国际化师资建设作为学校的专项工作计划,编制师资国际化建设的指导性文件及实施细则,成立专门负责国际化师资建设的领导小组与管理办公室,负责制定学校国际化师资建设的培训计划、考核与激励制度。学校各二级学院应成立国际化师资建设执行小组,有组织有计划地推进国际化师资建设工作。

(一)"外引"

高层次的国际化师资是提高师资队伍国际化整体水平的重要保障。在"外引"上,高职院校应注意以下几点:第一,高职院校应围绕学校发展建设大局及学科和专业建设实际需要,积极出台境外高端人才引进与管理政策,构建境外高端人才引进与培育机制,优化引进模式、招聘方式和激励机制,加大对具有较高学术水平且具有丰富行业、企业工作经验的境外高端人才引进工作的投入力度,吸引境外高端人才来校参与学科发展、专业建设和管理服务,充分发挥高层次人才的集聚效应和团队效应,不断促进本土优秀人才与外来人才的融合,学习国外先进的办学理念、教学方式、科学研究方法等,提高己方教师的国际视野、教科研水平以及教学与管理团队的国际化水平;第二,高职院校要摒弃盲目重视外显性指标这一弊病,要认识到一味重视指标,扩大外籍教师的规模不一定符合学校或区域高等职业教育现阶段的实际情况,不仅无法保证教育教学质量,而且极有可能引发其他社会问题。因此,国际化师资的引进一定要讲求实际,保证效用。

在外籍教师(含外籍专家,以下简称"外教")的聘用和管理上,高等职业院校要做到以下几方面:其一,严格依照《中华人民共和国教育法》《中华人民共和国教师法》《中华人民共和国出入境法》《中华人民共和国外国人入境出境管理条例》《高等学校聘请外国文教专家和外籍教师的规定》《外国专家来华工作许可办理规定》《外国文教专家聘用合同管理规定》等文件精神,坚持"按需聘请,择优录用;用其所长,讲求实效"原则。外籍教师管理工作以加强学校师资队伍建设,提升学校教学科研水平,增强学生外语运用能力,开拓学生国际化视野,营造学校国际化办学氛围为目标;其二,在了解外教应聘者一般履历(含详细的个人信息、联系地址、电话、电子邮件等)的基础上,需其出示经中国驻外使领馆签发的无犯罪证明原件,已在华工作的外教须提供申请人居住地的公安机关或司法机关出具的无犯罪记录证明原件;中国驻外使馆指定的医疗机构出具的体检证明;前任雇主的推荐信,说明雇主和应聘者的工作关系及应聘者之前的工作内容和表现;对已在华工作的外国文教专家,须提供原聘请单位出具的盖有主管专家工作部门公章的推荐信;其三,设立学校层面的外教管理工作机构,协调涉及外教教学和管理的各部门相关工作职责,同时,厘清涉及外教管理的各部门职责清单。以外教授课所在学院为例,该学院须指定一名领导分管外教业务管理工作,配备一名专任教师担任外教联系人,向外教介绍本部门情况及明确具体业务要求,定期进行工作交流;负责根据外教的业务专长,组织外教参与教工培训、业务咨询、课程开发、外语角、竞赛指导等活动,并协助学校拓展对外合作与交流;负责充分挖掘外教的科研能力,鼓励外教以所在学院(部)教工名义申报教学科研课题,发表学术论文,开展学术交流合作;以开放式引导和规范化管理相结合,对外教进行教学管理;其四,外教应当遵守中国法律法规,遵守中国的公序良俗和教师职业道德,遵守教育与宗教相分离的原则,所实施的教育教学活动和内容应当符合中国的教育方针和教学基本要求,不得损害中国的国家主权、安全、荣誉和社会公共利益。外教应遵守学校各项规章制度、尊重同事和学生,不得有损害学校利益的行为发生;不得擅自使用任何属于他人的秘密信息,也不得擅自实施可能侵犯学校或者任何第三人名誉权、荣誉权的行为。如外教违纪,视问题性质和情节轻重处理,一般由所在学院和国际合作与交流部门批评教育;如外教违法,或违纪并情节严重、态度恶劣者,学校终止聘用合同,并由公安、司法机关依法处理。

(二)"内培"

相对于院校加大投入,"外引"全球知名的技术技能专家和教师充实本校师资队伍,"内培"对于大部分院校来说是更佳的选择。高职院校应认识到高职院校教师的国际化发展是当前高职院校应对全球化必须具备的教育理念。

1.高职院校要完善国际化师资培训体系,要从政策、制度、环境等多维度制定符合本校国际化师资建设的扶持政策和措施。首先,建立人事管理部门和国际合作部门联合的师资国际化运行机制,将国际化能力作为重要模块纳入现有的师资培训体系。如引入或建立在线国际化培训资源库,鼓励教师依照培训目标和指标,选择相应的课程进行学习,补足教学和管理能力缺项;定期召开研讨会,由有丰富国际化教学和管理经验的教师主讲,加深学员们对国际化内涵的理解并转化为行动;其次,要创新语言培训方式,破解高职院校师资国际化进程中的外语交流瓶颈问题。针对高职院校教师外语交流中存在的瓶颈问题及教学任务重的现实问题,高职院校应该创新语言培训方式,可以与国内知名语言类高校签订国际化师资联合培养协议,采用"集中培训+分散教学"的培训方式,突破教师外语交流的瓶颈,增强教师参与国际交往的语言表达能力;再次,加大教师出国(境)研修力度。院校应积极与国外院校开展教学与科研合作,采用师资互换等方式,积极选派教师赴国外高校进修,拓宽其国际化教学与服务社会的视野,加强教师的国际化教育教学技能,定期邀请国内外知名专家来校开展国际化建设专题讲座,开展多种形式的中外教师教学与科研座谈会,教师学习后要全面分享学习成果,提交高质量学习报告,全力将学习成果应用到教育教学改革和科技创新中,以此提升教师国际化教学与社会服务的能力;最后,针对高职院校在社会服务中存在技术研发薄弱的问题,要深化产教融合与校企合作,让专业教师深入国际化企业进行挂职锻炼,如开展专业带头人、青年博士进企业实践活动,与企业技术人员共同进行科技研发与技术创新,解决企业技术难题,以此提升服务社会的能力,打造技术技能创新服务平台,从而进一步提升高职院校国际化人才培养的质量。

2.高职院校要积极开展国际合作项目。如来华留学生项目,双语课程开发,选派教师赴境外合作院校授课,为"走出去"企业员工开展培训等,丰富教师参与国际合作的渠道,有效支撑教师国际化素养的提升。如采用"1+1"模式加强英文授课师资队伍的培养,即确定1名专业课程英文授课教师,遴选1名教师作为后备,形成有效的"带中学"倒逼机制,储备双语师资力量。可与境外院校或教育机构共建师资培训基地,承接目的国师资培训项目,通过当地师资来传播我国职业教育的理念和标准,辐射性更强,效果更好。

3.高职院校要改革教师教育激励和评价机制。首先,要加大对国际化师资建设的资金投入,在争取国家留学基金委项目的同时,积极构建多元化的国际化师资建设教育基金,充分利用上级财政的经费,通过争取企业赞助等方式,以保证充足的高职院校国际化师资建设的资金;其次,要保障正在国(境)外进行访学培训与交流的教师仍享有合理的工资与福利待遇,全部承担教师在培训期间所产生的培训费、差旅费,以部分弥补教师因参加培训而带来的教学工作量损失等,并对自费公派学成归国者予以适当的奖励;再次,要对出国研修或者访学的教师制定详细的评估制度,相关部门可以采用网络或其他通信方式跟踪在国(境)外研修教师的工作、学习情况,以便及时了解他们所面临的困难与问题,并及时采取各种措施和手段保证其在国(境)外的研修效果;最后,要将国际化教学和研究成果纳入教师的考评体系,给予国际化办学一线的教师和管理人员职称评聘、经济补贴等优惠政策,借鉴国外高校的经验,推行教师学术休假制度,使教师有条件利用学术假出国交流与研习,激励教师积极投入境外教学、开展"一带一路"产业研究、来华留学生培养等高等职业教育海外输出工作。

4.高职院校要营造学校的国际化氛围,积极举办跨文化交流活动。文化教育是一种隐性的教育,它不是抽象的理论说教,而是通过耳濡目染,潜移默化地将文化借鉴和融合贯穿于教育、管理和服务的全过程。教师通过参与活动,一方面能拉近与外籍友人的距离,近距离感受国外文化;另一方面,能增强教师对自己教学能力的自信,对本国文化的自信,积极贯彻和践行习近平总书记在党的十九大报告中强调的"四个自信"和在全国教育大会上强调的"要坚持扎根中国大地办教育"的重要精神。

第三节 中国高等教育中职业教育国际化保障策略

一、质量评价是保障

质量是教育的生命线。构建多维度协同治理的国际化质量保障体系是提升高职院校国际化人才培养能力、质量和水平的必由之路,对加快推进高等职业教育治理体系和治理能力现代化建设、提高高职教育在国际教育竞争中的优势和地位具有重要的意义。[①]高等职业教育国际化是一个多方参与、多方受益的过程。随着高职院校提升国际化办学的规模和层次,开展国际化办学质量评价是高职教育国际化可持续发展、高质量发展的重要保障。

[①]郭广军,金建雄.高职教育质量保障多元协同治理模式研究[J].高等职业教育探索,2019,18(4):13—18.

高等职业教育国际化评价的路径主要有以下几个方面。

第一,认真学习上级部门制定的办学政策和文件,积极开展国际化办学自查自纠工作,做到依法依规办事。开展中外合作办学的院校可参考教育部《中外合作办学评估方案(试行)》的评估指标,结合自身办学实际,制定本校国际化办学的规章制度,规范合作办学的建设和管理标准,提升合作办学的质量与效能。开展来华留学教育的院校应依据《来华留学生高等教育质量规范(试行)》的要求,积极开展校内自查工作,查漏补缺,促进学校来华留学教育水平的提高。《来华留学生高等教育质量规范(试行)》是中华人民共和国成立以来首个针对来华留学生高等教育制定和实施的全国统一的基本规范,是来华留学生教育转型发展过程中的关键性、基础性文件,为来华留学生教育质量保障体系的建设奠定了基础。

第二,积极响应上级部门开展的国际化办学检查督查工作,认真落实督查意见,及时整改。如2017年,教育部办公厅、外交部办公厅发布《关于严格规范来华留学招生和管理工作的通知》,针对高校来华留学生招生和管理中存在的较为严重的问题与隐患,要求各招收留学生的高校在严把入学门槛、规范中介合作、严格入学审查、加强居留证和签证管理、加强学籍管理、梳理住宿情况、完善应急机制7个方面专项排查,规范现有招生和管理工作,确保"看好门""管好人",防范和消除安全隐患。2018年,教育部在全国范围内开展了来华留学教育督导检查工作,加强治理整顿,严肃处理了18所院校在来华留学生招收、录取、签证等留学生管理工作过程中的各类违法违规行为,暂停16所涉事院校招收外国留学生的资格。

参加由教育部国际合作与交流司组织,中国教育国际交流协会具体实施的高职院校中外合作办学机构或项目评估工作:一是对高职院校中外合作办学年度报告进行质量诊断。诊断工作以高职院校机构或项目提交的年度办学报告等材料为基础,以中外合作办学有关法规政策为依据,结合评估的有关指标,对机构或项目一个培养期内办学质量适时进行外部同行专家诊断,针对性开展机构或项目管理干部和教学团队政策解读及同行办学经验互鉴;

二是开展高职院校中外合作办学质量认证。根据《教育部关于进一步加强高等学校中外合作办学质量保障工作的意见》关于"建立反映中外合作办学特色、具有广泛社会公信力和国际可比性的中外合作办学质量认证标准和机制,推动行业质量提升和健康发展,加强行业办学自律"要求,研究制定了中外合作办学质量认证方案和标准。诊断和认证均接受院校自愿申请,服务院校高水平机构和项目建设需要,认证结果将由教育主管部门采信。

第三,构建具有国际化特色的第三方专业评价机构。第三方专业评价机构的形成是评价活动走向国际化的基础。发达国家成熟的第三方教育质量评价活动绝大部分由具有评价资质、且能独立开展评价的第三方机构执行,这在很大程度上保证了评价结果的公正、公平。同时这些评价机构都制定了符合评价所需要且比较科学的标准体系,形成了规范化的评价流程,人员的专业素养比较高,能有效执行评价工作,评价结果能得到政府、企业等利益攸关部门或人员的认同,这不仅为学校争取政府的拨款提供了依据,也为企业等用人单位的人才引进提供了参考,在社会上树立了评价权威,让评价机构获得了公信力。但是,目前发达国家第三方评价机构的国际化程度并不高,只有极少数的具有公司化性质的第三方评价机构开展了跨国评价活动。比如,高职院校可借鉴澳大利亚技能质量署 ASQA 对海外办学项目的监管措施,组建专门的审核团队对境外合作办学院校进行招生政策、办学流程、教学质量等方面的考核,确保境外教育和培训的质量。

第四,做好高等职业教育国际化的绩效控制。绩效控制能全面地展示高等职业教育国际化的现实发展状况,能够为政府管理部门和学校发展提供决策依据。高职院校要对开展的每个国际化项目进行科学的评测,不断优化评估与监测的过程,并形成一整套监测反馈体系。对于高等教育国际化的绩效控制要逐步囊括到政府与学校工作的评估中去,高等教育国际化的发展计划、实施情况、政府之间部门的协调情况也都要纳入其中。绩效控制是一个系统性的工作,它需要高等职业教育国际化工作的各个部门共同参与,在绩效控制中找到问题并及时反馈,对教育国际化战略规划进行适时的修正。

二、人文交流是纽带

随着我国综合国力的提升,尤其是改革开放40多年来的大发展,国际社会迫切希望重新认识中国,了解中国迅速崛起的秘诀,关注中国未来发展的愿景。

2013年9月,习近平总书记在对土库曼斯坦、哈萨克斯坦等国进行国事访问并出席上海合作组织比什凯克峰会期间提出,"一带一路"建设要加强五通,即政策沟通、道路联通、贸易畅通、货币流通和民心相通。2017年5月,习近平总书记出席"一带一路"国际合作高峰论坛开幕式并发表主旨演讲,提出"国之交在于民相亲,民相亲在于心相通"。作为促进民心相通的重要路径,中外人文交流能夯实中外关系的民意基础,增进国家间的相互理解和信任,实现世界持久和平和共同发展。

新形势下,高职院校应积极贯彻国家《关于加强和改进中外人文交流工作的若干意见》(以下简称《意见》),服务国家改革发展和对外战略大局,着眼中外民心相通、文明互鉴、互利共赢的需求,践行教育在推动人文交流领域的重要作用。

(一)建立中外人文交流机制

要建立中外人文交流机制,将人文交流理念融入学校国际化办学的全过程,注重丰富和拓展人文交流的内涵与领域,如上级部门实施的人文交流项目、各市(区)友城项目、学校开展的特色项目等,积极打造具有国际影响的人文交流品牌。

2019年10月,教育部中外人文交流中心与亚龙智能装备集团股份有限公司实施"智能制造领域中外人文交流人才培养基地"项目,秉持"技术创新+人文交流"发展理念,打造培养具有良好人文素养和人文交流能力的技术技能人才的平台和高地。项目遴选了黄河水利职业技术学院、苏州市职业大学等100所院校为2020年首批筹建合作院校,建设项目103个;遴选了承德石油高等专科学校、重庆工业职业技术学院等78所院校为2020年第二批筹建合作院校,建设项目85个。各高职院校通过项目实施与建设,提升了师生技术技能创新能力和跨文化交际交流能力,促进了校企深度合作和协同"走出去",积极搭建起有示范引领作用的智能制造领域的中外人文交流实践平台和品牌项目。

苏州市职业大学积极参与苏州与刚果共和国黑角市、拉脱维亚里加市、意大利威尼斯市等友好城市间的交流互动,在教育、旅游、体育等领域积极助力友城开展各类实质性的交流合作,促进友城工作成果的转化和实践,造福两地市民。

2016年7月,苏州市与刚果共和国黑角市结为友城。2018年9月,黑角市政府代表团来苏,表示急需基础建设方面的专业技能人才,青年学生渴望到中国学习。2019年9月,在黑角市副市长的带领下,政府选派的4名学生到校学习机电一体化技术专业。新冠肺炎疫情暴发后,黑角市向苏州捐赠了1万只医用防护口罩,表达了友城守望相助的情谊。4名学生制作了名为"降低病毒传播风险小贴士"的视频,在iSuzhou、苏州教育等网络平台推送,助力苏州市疫情防控。学生给苏州市市长李亚平寄了一封信,记述了防控新冠肺炎疫情期间学校对他们的关爱和他们制作视频助力抗疫等情况。李亚平在回信中感谢友城黑角市的热情帮助,勉励留学生们认真学习,为苏州和黑角两市增进交流、加深友谊贡献力量。

2019年12月,学校在苏州和威尼斯结好40周年之际,受邀参加威尼斯市"贡多拉赛艇节",勇夺比赛季军。2021年6月,学校在"苏州-里加(拉脱维亚)市长视频会晤暨友城系列合作云签约"活动中,与里加酒店管理学院签约,在两市友城交流的框架下,开展两国职业教育发展的研讨交流,探索在酒店管理、旅游管理等专业领域的师生实习交流项目,举办两地特色人文交流活动,助力中拉两国地方交往走向深入。

(二)要扎实做好来华留学工作

《意见》指出,要建立语言互通工作机制,推动我国与世界各国语言互通,开辟多种层次语言文化交流渠道。作为来华留学生培养的重要阵地,高职院校应在留学生培养过程中开设汉语和中国文化课，鼓励来华留学生学好中文和中国文化，加深他们对中国国情与中国和平发展之路的认同，培养知华、友华、爱华的国际友人。学生回国后乃至在国际舞台上以亲历者的身份成为"中国故事"的讲述者，促进世界公平、客观、公正地认知中国。

涵盖以外语为专业教学语言的学科和专业，积极落实《来华留学生高等教育质量规范（试行）》中关于留学生"人才培养目标"的要求。即在语言方面，以中文为专业教学语言的学科、专业中，留学生应当能够顺利使用中文完成本学科、专业的学习和研究任务，毕业时中文能力应当达到《国际汉语能力标准》五级水平；以外语为专业教学语言的学科、专业中，留学生应当能够顺利使用相应外语完成本学科、专业的学习和研究任务，毕业时，本科生的中文能力应当至少达到《国际汉语能力标准》四级水平。

文件虽未对高职层次的学生在毕业时应具备的汉语水平提出要求，高职院校在留学生培养过程中，以中文为专业教学语言的学科、专业的留学生（一般是"1+3"项目，1年汉语预科学习，3年专业学习）在毕业时，中文能力应不低于《国际汉语能力标准》四级水平；录取时已具备《国际汉语能力标准》四级水平的留学生，毕业时中文能力应不低于《国际汉语能力标准》五级水平；以外语为专业教学语言的学科、专业的留学生应当能够顺利使用相应外语完成本学科、专业的学习和研究任务，毕业时，学生的中文能力应当至少达到《国际汉语能力标准》三级水平。同时，在文化方面，留学生应当熟悉中国历史、地理、社会、经济等中国国情和文化基本知识，了解中国政治制度和外交政策，理解中国社会主流价值观和公共道德观念，形成良好的法治观念和道德意识。

三、不断学习促进步

高职院校对外可学习发达国家职业教育的理念和经验，如国外优质职业院校在国际化平台建设、国际合作高质量项目打造、专业教学标准和职业资格标准推广等方面的做法，在吸收借鉴的基础上结合我国实际，加以改进、完善和提升。对内，本科院校是我国教育国际化的先行者。高职院校在国际化发展起步阶段时,可借鉴、吸收本科院校丰富的资源和办学经验。鉴于本科院校在技术技能人才培养方面的经验相对欠缺,高职院校可发挥自身优势,找准契机,与本科院校合作开展国际化项目,在本科院校"传帮带"的基础上力争实现双赢。此外,国家立足于当前高职院校的办学实际,围绕办好新时代职业教育的要求,实施了中国特色高水平高职学校和专业建设计划。该计划入选院校代表着国内高职院校的最高水平,在国际化发展上走在了全国的第一方阵,是致力于在国际化发展上想所为、有所为的高职院校的榜样。

此外,政府作为高等职业教育国际化的主导者,起着宏观调控、引导和协调的作用。

第一,政府应完善高等职业教育国际化制度建设。制度建设是高职院校国际化发展的重要保障之一,应完善高等职业教育国际化的配套制度改革。比如,《中外合作办学条例》及其管理办法更加适用于本科以上层次的合作办学行为,同时,将中外合作办学限定在学校与学校之间的合作。但是高等职业教育的特殊性,决定了学校和外资企业、跨国企业的合作,也将是高职院校国际合作办学的重要组成部分。另外,高等职业教育作为技术培训和高等教育的结合体,其特殊性需要专门的规章制度对其进行规范。我国高职院校正在经历从学科导向办学向职业导向办学的过渡,传统学科导向的人才培养模式往往难以满足跨国企业对人才的需求,导致跨国合作办学难以有效开展,政府应该在归纳总结现有国际化校企合作实践经验的基础上,加快职业教育校企合作政策建设,明确政府、学校在办学活动中的定位,政府尤其要为该类项目的课程合作提供便利。

第二,发挥经费引领高等职业教育国际化发展的导向作用。教育部《高等职业教育创新发展行动计划(2015—2018)年》明确提出"支持专科高等职业院校到国(境)外办学,为周边国家培养熟悉中华传统文化、当地经济发展亟须的技术技能人才"。在此基础上,扩大高职院校国际化经费资助范围、提升经费使用质量应成为制度安排的重点。逐步加大区域协调发展力度,充分发挥北京、广东、上海和江苏等境外服务水平较高区域高校的辐射引领作用,不断缩小区域发展差距,提升我国高职院校现代职业教育境外服务培训整体水平。加强经费使用的分类管理,重点支持偏远地区利用地缘优势与国家战略开展国际化办学活动。此外,通过国际化办学经费在公办与民办高职院校之间的公平分配,引导民办高职院校开展国际化办学活动,充分发挥民办高等职业院校管理体制灵活、办学模式与市场契合等优势。

2019年,国务院发布的《国家职业教育改革实施方案》开宗明义:职业教育与普通教育是两种不同教育类型,具有同等重要地位。建设高质量教育体系是"十四五"期间高等职业教育的主题,围绕这一主题,高等职业教育将在落实《国家职业教育改革实施方案》的过程中,实施职业教育提质培优行动计划、持续推进中国特色高水平高职学校和专业群建设计划、探索本科层次职业教育,开创"十四五"我国高等职业教育发展的新局面。"十四五"期间,高等职业教育要扎实开展国际合作服务,实施职业教育服务国际产能合作行动,加快培养国际产能合作急需人才,提升职业教育国际影响力。抓紧国际产能合作急需人才培养这个"牛鼻子",深入推进"中文+职业技能"项目,助力中国企业"走出去"。与此同时,着力加大服务保障和支持职业院校国际化发展力度,打造中国特色、世界水平的职业教育政策、制度与标准体系,增强我国高等职业教育在国际教育领域的话语权,并持续提升国际影响力。

第二部分

高校学生管理

第三章 高校学生管理概述

第一节 高校学生管理的概念

高校学生管理是高等学校领导和管理人员为了实现高等学校学生的培养目标,按照国家的教育方针和各项政策法令,科学地有计划地对学校内部的人、财、物、时间、信息等进行组织、指挥、协调并对其进行预测、计划、实施、反馈、监督等的一门管理科学。

高校学生管理作为学校管理的重要组成部分,具有十分广泛而深刻的内涵。首先,它要研究管理对象(即青年大学生)的生理、心理特征,知识、能力结构,兴趣爱好及社会氛围对他们的影响,掌握他们的思想变化及教育管理的规律;其次,它要研究管理者本身(即学生工作专职人员)必备的思想、文化、理论及业务素质以及这些素质的培养和管理队伍的建设;最后,它还要研究学生管理的机制和一般管理的原则、方法以及学生在学习、生活、课外活动、思想教育中的具体管理目标、原则、政策、法规等。

高校学生管理是一项教育工作,它具有教育科学所包含的规律,它也是一项具体的管理工作,具有管理科学所包含的规律。大学生管理是高等教育学和管理学交叉结合产生的一门综合性应用学科,它同所有的管理科学一样,研究的主题是效率,当然具体研究的课题是"大学生管理的效率——最有效地达到大学生的培养目标"。中国大学生管理,就是要寻求按照党和国家的教育方针,实现培养德、智、体诸方面发展的专门人才的最佳方案,最佳计划、决策,最佳管理体制、组织机构,最佳操作程序。它涉及很多学科,如马克思主义哲学、高等教育学、社会学、心理学、管理学、行政学、统计学、控制论、信息论、系统论等。因此,研究中国大学生管理必须广泛运用各种有关的科学理论来分析,这样才能使从事学生管理工作的同志用科学的管理指导思想和科学的管理手段进行有效的管理。

对大学生进行严格管理的过程中,要正确处理以下两种关系:第一,学生管理与规章制度的关系。高校学生管理要通过制定并实施必要的规章制度来实现。教育部根据党和政府的教育方针、青年大学生成长的特点以及长期以来的工作经验,已经制定了《普通高等学校学生管理规定》,这是对大学生进行科学管理的一个基本的法规性文件。各高校也结合自己的实际情况,整章建制,制定了一系列的规章制度。学生管理的实践反过来又丰富了规章制度的内容,使之更全面化、科学化;第二,学生管理与思想政治教育的关系。在强调管理工作重要意义的同时,不可忘记思想政治教育的重要保证作用。任何只强调严格管理而忽视思想政治教育,或只强调思想政治教育而置制度管理于不顾的做法,都是片面的,不可取的。因为管理也是教育的一种手段,教育又能保证管理的推行和实施,所以只有把严格管理与思想政治教育有机结合起来,才能使学校工作真正走上井然有序的轨道。

第二节 高校学生管理的对象与任务

一、高校学生管理的对象

所谓管理对象,是指"管理活动的承受者"。随着人类认识的深化和管理的科学化、复杂化,不同时期、不同学派有不同的内容和见解:一是指管理活动所作用的各种具体对象。最初是人、财、物三要素,后增加了时间、空间,成为五要素,又增加了信息、事件,成为七要素;二是指管理活动所作用的特定系统,即把管理对象作为由多种因素组成的有机整体。系统与外界环境有信息、能量、物质交流。高校学生管理作为高等学校管理工作的重要组成部分,其相对应的工作对象无疑是指高校学生,从广义角度来看,这些学生应包括所有在高校求学的学生,即专科生、本科生、硕士生、博士生等。因为这些人都是高校学生管理活动的承受者。高校学生管理牵涉到诸多知识体系,包括管理学、教育学、青年心理学、政治学、人才学等,因此,高校学生管理是一门综合性、政策性很强的应用科学。它具有自己独特的研究对象,这个对象就是学生管理活动本质的、内在的联系及其发展变化的规律。

高校学生管理作为学校管理的一个重要方面,同其他管理工作一样,都是以教育领域某一方面的特殊现象和规律为研究对象的,它必然要受到教育领域总规律的支配与制约。因此,它又不同于管理工作的其他分类工作,具有相对的独立性。人们只有既认识到高校学生管理工作与其他管理工作的密切联系,又认识到它与其他管理工作的不同特点,才能真正揭示高校学生管理现象本身所具有的特殊规律,使之成为一门具有特性并富有成效的管理工作。

作为管理工作中的一部份,一般而言,总要有相应的学科知识成为其所依循的工作方针,而一门学科的成立必须具备一个必不可少的条件,即它必须具有一套系统的范畴体系。范畴体系既体现了研究的角度,也展示了研究的内容,同时又表明了其相互间的关系。因此,准确而恰当地表述高校学生管理学的研究内容,最好的办法是确立这门科学的框架和范畴体系。高校学生管理工作要研究的内容应涵盖以下几方面:①学科理论的研究。其包括高校学生管理科学的性质、理论基础、研究对象和领域、主要研究任务、学科的地位和作用,高校学生管理的指导思想和原则,如何对历史的经验进行抽象和概括以纳入理论体系之中,如何移植、融合相关学科的理论,不断丰富、完善和发展高等学校学生管理科学等;②方法论的研究。研究高校学生管理科学的方法论,一方面要研究根本的思想方法;另一方面还要研究具体的管理方法,如思想政治教育管理、大学生社区管理、教学与学籍管理、校园文化管理(含网络管理)、奖惩制度管理、社会实践管理、社团管理、心理健康与咨询管理、就业管理、学生党员管理与党建管理、学生干部队伍管理、学生群体性突发事件的应急管理等方面的管理方法与手段;③组织学的研究。高校学生管理是一项系统工程,必须形成有效的网络系统,发挥最大的组织功效,如高校学生管理的组织领导体制、学生管理队伍的建设、学生管理的现代化趋势等,都必须做更为深入、全面的探讨;④学生管理制度与国家法律法规、中央相关政策、教育规律、教育法规、政治文明建设进程的相互关系以及相关政策法规和知识系统的研究;⑤学生成长规律、心理生理特点与管理工作的有机联系研究,青年群体之间的关系与高校学生管理工作的互动共生研究。

二、高校学生管理的任务

高校学生管理工作的基本任务,不仅包括研究学生管理学的相关体系,即研究高校学生管理工作与活动的知识系统理论,而且更重要的是这种研究必须着眼于寻求学生管理工作本身所蕴含的特殊矛盾,领悟和把握学生管理工作的运行规律,以更好地运用于学生管理工作的实践之中,有力地推动高校学生管理工作。高校学生管理工作的主要任务有以下几个方面。

第一,坚持马克思主义关于人的全面发展理论和党关于全面建成小康社会时期的教育方针,贯彻党的基本路线,以马克思主义、毛泽东思想、邓小平理论、"三个代表"重要思想、科学发展观及习近平新时代中国特色社会主义思想为指导,以马克思主义哲学原理为方法论,认真贯彻落实新的《普通高等学校学生管理规定》,遵循党的教育方针和学校的培养目标,为培养全面发展的高素质的人才服务。

第二,系统总结我国高校学生管理工作的经验和教训。学生管理是一种既古老又年轻的社会现象,它伴随学校的产生而产生,有着悠久的历史传统和崭新的时代内容。

第三,批判地继承历史上的高校学生管理工作遗产,借鉴国外学生管理工作的经验,吸纳教育学、社会学、政治学、青年心理学、系统管理学、文化学等相关学科的知识理论,构建具有中国特色的、符合时代精神的高校学生管理模式。中国是一个历史悠久的文明古国,先辈们在学生教育和管理中积累了丰富的经验,这是宝贵的历史文化遗产,应当批判地继承,做到古为今用。同时,还应大胆借鉴国外高校的学生管理工作经验,去粗取精、去伪存真、融会提炼、博采众长,做到洋为中用。这样才能构建起具有中国特色的高校学生管理理论体系,并以此来指导实践,形成高效的、有益于大学生身心健康成长和成才的学生管理模式。

第四,加强科学研究,注重实践探索,不断发展高校学生管理工作的理论体系,推动高校学生管理工作健康运行。尽管学生管理工作有着丰富宝贵的实践经验和悠久的历史传统,但就总体情况而言,它与不断发展的中国特色社会主义的形势和发展趋势还存在着某些不适应,还面临着许多亟待解决的问题,无论是从理论要求上,还是从实践需求上,都需要科学化、理论化、法治化、人性化等诸方面的规范。因此,作为学生管理工作者,必须加强学生管理工作的科学研究,大胆探索,不断创新,切实把握新时期学生管理面临的新问题、新内容和新特点,努力用新方法、新思路和新手段去适应学生管理的新规律和新形势,使学生管理的理论与方式与时俱进,不断丰富和完善。

第五,以理论创新推动实践创新,促进学生管理工作的科学化、法治化和人本化。如何体现其管理制度的科学化、法治化和人本化,这是一个理论研究的问题,不仅需要研究法律与青年学的相关理论,还需要研究管理学方面的理论,同时更应注重将管理学、法律学、青年学有机结合起来,形成理论上的创新,推动实践创新。因为,大学生的管理不是一般的管理,这种管理是要将这些有着一定知识的青年培养成德、智、体、美全面发展的人才的管理,换言之,这种管理的最高宗旨是要促进学生全面发展,使其成为国家的建设者和接班人。这就使学生管理工作牵涉到一系列的理论研究与实践探索,这就是现实交给学生管理工作者的光荣而艰巨的任务。

第三节 高校学生管理的特征与作用

高校学生管理是学校管理的一个重要分支,是学生管理理论与实践的高度综合与概括。半个多世纪以来,我国高校学生管理的实践证明,对大学生的成功管理,要遵循高校管理的基本规律,把握住高校的特点。只有这样才能使高校学生管理产生积极的效益,确保学生成才。

一、高校学生管理的特征

(一)政治性特征

管理是一种有目标的活动,管理工作必然具有某种方向性。当前,高校学生管理必须紧紧围绕着为全面建设小康社会,为中国特色社会主义培养合格人才这一中心目标服务,这是我国目前高校学生管理工作中的一个本质特点。

学生管理工作作为一种手段,是为教育方针服务的,而教育方针是一定时代的政治、经济和文化等现实在教育领域的反映。众所周知,中外教育史上都有重视德育的传统,但不同时代、不同社会,其德育中德的内涵是大不相同的。

学生管理工作的政治性,决定了学生管理工作者必须具备应有的政治素质,不断提高自身的政治敏锐性,时刻关注政治局势,把握大局,保持与党中央的高度一致。

(二)针对性特征

学生管理既然是管理,就不会离开管理学科的特点,它不可避免地要吸收国内外相关管理科学方面的理论知识体系和工作经验。但大学生管理不同于一般的管理,它有着自己的特殊性。这些特殊性至少表现在以下三个方面:①管理的对象是大学生(社会角色而言),他们本身就是一个特殊的社会群体,是一群掌握着一定基础知识和专业知识的潜在人才群体;②管理的对象是青年(生理心理角色而言),他们处于血气方刚、激情澎湃、感情冲动、充满朝气的人生阶段;③管理的对象是正在接受知识教育和思想道德教育的青年群体,他们是一个处于想独立而在经济上又不能独立的半独立状态的青年群体。

以上三方面的特点决定了高校学生管理的针对性,决定了高校学生管理必须涉及青年学、生理学、心理学、教育学、人才学和管理学等诸方面的知识体系。

从青年学(含生理学、心理学)的角度而言,应当看到,大学生管理面对的是朝气蓬勃的青年人,他们的世界观、人生观、价值观尚未完全定型,他们对异性的关注和对人生的理解等,都有着这个时代的烙印,受到所处的时代环境的影响,与20世纪50、60年代成长起来的一代人是有着明显区别的。要管理好他们,就必须研究了解他们,要研究了解他们,就必须把握时代特征,要把握时代特征,就必须弄清楚这个时代的政治、经济、文化及科学技术发展大方向。

从教育学的角度而言,高校学生管理必须有利于青年大学生的成长,必须符合教育规律。换言之,就是大学生管理必须按教育学、人才学所揭示的规律来进行。比如,大学生德育、智育、体育之间的关系如何在学生管理中有机融合的问题;知识的获得与能力的培养如何有机协调的问题;尊重学生个性与学校统一管理如何获得有效一致的问题;课堂教学与社会实践如何结合的问题等,都是需要认真研究探索的。

从管理学的角度而言,科学的管理从本质上讲是法治化、人性化的管理。管理的有效实施离不开规章制度的建设,而法律与规章制度的制定往往是以一定的理念为指导的。在法学中,指导法律制定的是法理(法律理论);在政策学中,指导规章与政策制定的是政治理论和与政治理论相关的哲学理论。由于法律与规章及政策所针对的都是人,所以,都离不开对人的理性化认识。

(三)科学性特征

对于大学而言,建立一套集德、智、体及日常生活管理于一体的系统管理制度,其实质是一种约束和规范,即把学生的思想、情感、行为和意志等引导到国家所倡导的培养目标上去。这一活动目标的实现要求制度具有科学性,而高校学生管理制度的科学性至少包括以下几方面的内涵:①符合法律法规。即要求学生管理制度符合国家的法律法规精神的要求;②符合学校的实际。学校的实际包括学校的层次类型以及学校所在地的地域人文风情;③符合大学生的生理心理特点。这就要求高校的学生管理制度制定者必须了解学生,既要了解大学生的实际情况,又要清楚培养目标与要求;④具有可操作性。作为管理制度,有理论指导,又与理论有所不同,其最大的特点就是它必须具有可操作性才能真正达到管理的目的,没有可操作性,再好的制度也只能是理论上正确而不能执行的制度。必须指出,在现实中确实有高校存在难以操作的正确的规章制度。

二、高校学生管理的作用

实现全面小康,需要千百万建设社会主义事业的专门人才,而高校在现代社会中是人才的"加工厂",担负着培养人才的重大责任。高校学生管理工作是高校教育管理工作的重要一环,其责任总体上与高校的根本任务是一致的,这种责任决定了高校学生管理工作的重要作用。它主要反映在以下几个方面。

(一)育人的作用

高校学生管理是高校管理的重要方面,高校是人才培养的基地,高校管理是为培养人才服务的,高校学生管理更是直接针对大学生的,但这种管理却与一般意义上的管理不一样,它不是单纯的管理,而是带有教育性质的服务,即不仅要通过管理促进高校的有效运行,而且要通过管理达到教育目的,使学生成为高校的合格"产品"。也就是说,高校的学生管理是一种"管理育人"的管理,这种管理要与高校的教学、思想政治工作和心理健康教育等一系列工作有机结合起来,产生一种管理育人的效果,促使教育方针在高校真正得到落实。

(二)稳定的作用

高校学生是一个特殊的社会群体,他们具有青年的特质:朝气蓬勃、充满激情、追求真理、关心时事,但同时也有着青年固有的不足。他们在法律上是完全民事行为能力人,但从某种意义讲,他们在心理上却是准成年人。与其他同龄人相比,他们掌握着更多的知识,但较之真正的知识分子,他们的知识又存在结构上的缺陷和知识量上的不足。在全面建设小康社会的过程中,各种政治、经济、社会和文化等方面的矛盾必将反映到大学生中来,如果管理不到位,高校的群体事件就可能变为政治性群体事件,从而给社会的稳定带来威胁。因此,依法管理,预警在先,通过制定并实施符合学校实际的规章制度,引导大学生端正学习态度,明确学习目的,掌握正确的学习方法,养成良好的生活习惯,通过各种渠道和措施,为大学生建构良好的心理品质,形成稳定的情绪,从而保持学校的稳定,是高校学生管理的重要作用之一。

(三)增强能力的作用

高校是培养人才的场所,因此,高校的学生管理应有培养学生的功能,应发挥增强学生能力的积极作用。例如,社会实践的管理,可以增强大学生的社会实践和社会活动能力;实验室的管理,可以增强学生的动手能力;心理咨询可以提高学生自我认识、自我调节的能力;学生的党团活动可以提高学生对党团的认识水平等。

第四章 高校学生管理机构与队伍建设

第一节 高校学生管理机构的设置

一、高校学生管理机构应遵循的原则

(一)系统整体的原则

大学生管理工作是学校这个大系统中的一个重要的支系统,这个系统的管理目标与学校的培养目标是一致的,即"维护高等学校正常的教学、工作和生活秩序,保障学生身心健康,促进学生德、智、体诸方面发展"。具体地说,就是要对学生的思想品德、专业学习、体育锻炼、劳动实践、课余活动、行为组织、生活起居以及分配就业等问题进行全面管理。因此,大学生管理系统是个多因素、多层次、多系列、多功能组成的结构群体。这个结构群体中的各要素、各系统、各层次间存在必然的内在联系,要素和结构整体是不可分离的。因此,整个大学生管理系统组织结构中设置的任何一个部门、任何一个管理层次、任何一个管理序列,都必须注意它们之间的功能联系及其同整体管理效能的关系。否则,必然导致整个系统管理作用的减退和管理功能的紊乱。因此设置大学生管理机构必须依据系统整体原则,深入分析了解各学生管理机构和它们的构成因素在整个学生管理工作中的地位和作用以及分析它们之间的相互依存、相互制约、相互促进的关系,寻求学生管理机构的最佳组合,将各级、各类、各环节的学生管理活动协调于学生管理系统的整体行为之中,不断推进大学生管理向机构体系最佳状态发展。

目前,我国绝大部分高等学校内部领导体制是党委领导下的校长分工负责制。大学生管理的机构设置从系统整体这一原则出发,就必须做到设立的管理机构系统与学校内部领导体制相适应,避免学生管理工作因多头领导而造成指挥系统紊乱。同时,要注意消除机构重叠、工作重复的弊端。至于职能分散,则是在某些机构完成同样的职能时反映出来的。当然,另外一种情况同样是系统整体原则所不容许的,即某种职能总是从机构所担负的责任中漏掉,或者被排斥在所设置的机构之外。只有依照系统整体原则来设置学生管理机构,使各机构职能范围清楚,责任明确,功能彼此相对独立而互补,才可能建立一个从上到下的强有力的工作系统,从而有利于避免学生管理工作中多中心的混乱状态,达到对学生的成才全过程进行有秩序管理的目的。

(二)层次制与职能制结合的原则

层次性是所有事物组成的普遍规律。高等学校的大学生管理系统中有校、系、年级、班、组这样几个层次,层次制指的就是学校这种纵向划分的方法。职能反映的是管理机构的各个系统可能的活动领域,反映的是某些性质不同的工作的集合,这些工作的开展为实现系统的最终目标提供保证。

从学校一级来看,学工委办公室(学生处)、教务处、总务处、宣传部、团委等就是职能单位,在学生管理系统中,它们都从不同的角度对学生进行管理。考察合理的学生管理机构设置,应该主要从职能制角度出发,但也不能忽视层次制。在设置学生管理机构时,必须考虑到,在其他条件相同的情况下,层次的增加会导致所需处理的信息量的扩大,领导者负担过重,会增加系统内活动相互配合的困难。而且随着管理层次和每一层管理内容的增加,便会出现由于管理过程复杂化而造成效能下降的情况。

目前我国大学生管理机构设置的普遍情况是层次越高,职能制单位越多;层次越低,职能制单位越少,但直接管理的对象却越多。因此,根据整体原理,机构设置中要有全局观点,要考虑到上下左右的联系沟通,使机构减少到最低限度,便于低层次中建立起相应的机构,使职能制与层次制相结合,互相补充,以取得最佳管理效果。

(三)职、责、权相一致的原则

机构设置与人员配备坚持职、责、权一致的原则,是发挥部门职能作用和使其协调一致的关键问题。职是职务、职能,责是责任,权是指依据职能、任务所赋予的权力。职责应有明文规定,并与权相一致。

明确每一机构的职能,使在其中任职的工作人员都能发挥他们的技能水平和能力是非常重要的。要严格地确定和分配职能以保证各机构对自己所完成的全部任务负责,并达到精简不必要机构的目的。在设置机构和安排职务时应该本着任人唯贤和人能相称的原则,因事而择人,安排适当人员,合理地分配任务,使职责统一,并按履行责任的需要,授予相应的权力,做到各个机构、各个部门都要有分工负责,要从上到下建立岗位责任制。明确各管理层次和职能的职责范围、权力界限,使每个工作人员都能各司其职,各尽其责,各善其事。而且要严格岗位责任制的考核,以纠正过去职责不清、赏罚不明的现象,形成一个有效的、有秩序的学生管理新格局。

这里要注意的一点是,在职责过分具体化和工作人员任务过于狭窄的情况下,也会束缚他们主观能动性的发挥,甚至在发生突发事件时,丧失有效管理的可能性。因此,对每一个机构和每一个工作人员来说,权责一致过程中重要的是要确立他们所履行的职能的适宜性和特殊性程度,这同样是保证管理机构符合责权一致原则的前提。

(四)集中管理与民主管理相结合的原则

集中管理与民主管理可以说是当代大学生管理两个不可分离的组成部分,它们互为前提。只有高度集中,学生管理工作才有高效益,但也只有充分发扬民主,才能更有利于保证管理过程的高度集中。因此,大学生管理的集中化和民主化的相互关系在管理机构实际履行职能过程中得以体现,它在很大程度上预先决定着能否达到系统所要实现的目标。集中管理的主要任务是根据学生管理工作的特征,作出统一的管理战略决策。

在垂直联系的系统控制之下,常常是学校最高层领导人的责任范围不适当地扩大,他们不仅被授权作出管理战略方面的决策,还参与具体管理活动,留给他们处理重大问题的工作时间很少。随着学生管理系统的复杂化程度和管理信息的扩大,具有较强机动性特点的较低层次,尤其是系一级的学生管理活动就日益具有更大的价值。

因此,集中管理与民主管理结合原则的意义就在于设置或调整学生管理机构时要使管理机构内部的权力和责任进行相应的重新分配,尽可能地把战略性职能和协调性职能与具体的管理活动分开,在形成或改造管理机构的过程中,适当调整不同层次机构在学生管理工作中的参与决策、实施管理方面的作用。而且,在整个管理机构系统内,除了建立健全决策、执行系统外,还要建有监督、咨询和反馈系统,使整个管理组织具有良好的控制能力。

集中管理与民主管理相结合的另一个意义是,在设置大学生管理机构时,要建立起符合民主原则的管理制度。要充分发挥管理对象,即大学生本身在管理中的作用。过去有的学校对学生管理效果不佳的重要原因,就是没有遵循民主管理原则,把学生当成消极被动的管理对象,在工作中单纯采取限制、压制和惩办的手段。而要保证民主管理的实现,就必须通过不同的形式,吸收学生参与管理,使学生会和学生代表大会等学生自己的组织真正成为学生管理工作的有效监督系统和反馈系统,甚至在一些学生管理机构中也可吸收学生代表参加。这样,形成大学生管理机构系统在集中领导下的民主气氛,使学生管理工作达到最佳管理效果。

(五)因校制宜的原则

设置大学生管理机构,在不同的学校,由于其所处的社会环境,自身的历史发展以及学校的类别、任务、规模、条件、学生来源、领导力量、管理人员素质及校风、学风等各种因素的差异,不可能达到相同的管理效果。即使是同一学校、同一机构内,由于管理者的素质及工作作风的不同,也可能产生各具特色的、多样化的管理效果。因此,各校学生管理机构的设置,只能因地制宜,因校制宜,在统一要求下,从实际出发,实事求是,根据工作需要,研究设置管理机构。一般来说,中等规模的学校与小规模学校的相比,可能更需要一个完善的学生管理机构,至于大规模学校的机构则更应该从上到下地加以周密考虑。组织机构的设置,各校可根据教育部划定的大原则、大框架结合本校自身特点,进行慎重而周密的试验,不断总结经验,不断探索,逐步摸索出适宜本校并能达到最优管理的学生管理机构设置方案。

二、大学生管理机构的结构形式与机构的设置

结构形式从理论上可以归纳为"直线型""职能型""直线—参谋型""直线附属型""矩阵结构"等。目前,多数学校采用的是"直线—参谋型"或"矩阵结构"形式。

"直线—参谋型"的结构形式是把大学生管理人员划分为两类:一类是直线指挥人员,如校、系负责人,他们拥有对较低层次学生管理部门实际指挥和命令的权力,并对该组织的工作负全部责任;另一类是职能管理人员,他们是直线指挥人员的参谋,作为直线领导的参谋和助手,他们只能对指挥系统中的下一级管理机构进行业务指导,而不能对他们直接进行指挥和命令。

"直线—参谋型"的最大优点是它的上下级关系很清楚。这种结构形式中的职能机构,是按照一定的职能分工,担负着学生思想、教学、行政、生活等方面的管理任务,职能机构通过各自分管的学生管理任务,对有关管理工作起着业务指导和保证作用。

具体说来,职能机构担负着以下职责:向领导提供有关情况和报告,提出建议和方案,供领导决策时参考;监督下级机构对上级领导的指示、命令和有关计划的执行情况,以便更好地贯彻领导的指示和意图;协助各级领导,具体办理有关学生管理业务,为下级管理机构创造完成任务的保证条件,在业务上指导和帮助下级组织。"直线—参谋型"结构领导关系简单,能始终保持集中统一指挥和管理,避免了机构系统中多头指挥和无人负责的现象,因此,学生管理方面出现问题就可以一级找一级直到问题解决;同时,各级领导人员有相应的职能机构做参谋,可以充分发挥其职能管理方面的作用。但是,事物之间除了纵向联系外,还存在着横向联系,"直线—参谋型"的结构形式在实际执行中也有明显矛盾。[①]

①陈锦山.高校学生事务管理模式的建构——评《高校学生事务管理模式创新》[J].新闻与写作,2017,396(6):115.

由于该结构系统的客观原因,在一系列组成单位中不得不分散管理职能,这样,当管理建立在把一切工作形式明确地独立出来和对职能有明确分配的时候,这种管理活动的每一个参与者就都能够明确目标。然而,虽然它们都是按照学校统一计划、统一部署进行工作,但由于分管不同业务,观察和处理问题的方法、角度各有侧重,彼此间往往会产生矛盾。此外,在这种结构系统中,纵向联系高于一切,解决与战略任务并存的、大量的具体管理问题的任务和权力聚集在上层,诸如伙食问题、寝室问题等具体问题经常压倒一系列长远任务,而且使在系统发展过程中所产生的新任务的解决发生困难。

因此,需要有这样一些管理机构,它们能较好地适合于学生管理系统发挥作用,在较特殊的情况下,能有效地协调各方面的职能,而"矩阵结构"管理系统就是这样一种结构。在这种结构范围内,不是从现有的隶属等级立场出发,而是集中在所有形式的管理活动整体化和改进这些活动形式的协调动作上。因为只有这样,才能创造条件有效地促进管理目标的实现。例如,为了加强对学生的思想政治教育及对学生的全面管理,为了开展评先奖优活动,在党委和校长领导下成立的学生工作委员会、奖学金评定委员会、毕业生分配委员会、群众体育运动委员会等,都是按照专项分工,把各职能部门工作从横向联系起来,形成全校学生管理工作的矩阵组织结构。

矩阵组织结构的特点是:纵向的是"直线—参谋型"组织形式,按层次下达任务,各有关职能部门按其职责范围,分别按层次贯彻学校的学生工作计划;横向则是由职能部门抽人组成的,按其专项任务分工进行组织,这些组织中的人同时接受职能部门的主管和专项主管的双重指挥。这些纵向的矩阵型结构有机地结合在一起,互相配合,对学生工作进行综合管理。

在这种结构形式下,原有管理结构仍然是完整的,但实质上,管理结构的权力关系和它的各个部门的职责却发生了变化,即把作出决定的责任和对执行情况的监督归为专项工作组织,而职能部门则从系统所要求的信息、管理工作的实施和其他方面来保证系统实现其管理结果。学校领导则可从一些非原则性的日常问题中摆脱出来,并可以提高管理结构的中间层、较低层次的灵活性和对解决问题的质量的责任感。

在具体机构设置方面,我国各大学的学生管理机构设置是多种多样的。传统的机构设置方式是党委、行政并行发展。有的学校在党委领导下设立学生工作部作为党委管理学生工作的职能部门,力图把学生管理工作统一抓起来。但由于学生工作部是党委分管思想教育的职能部门,不具备行政管理功能,因此,招生、学籍管理、毕业分配等具体的学生管理工作仍需由行政系统的教务处、人事处等负责,结果形成一场学生管理"接力",教务处负责把学生招进学校,然后学生工作部组织实施思想政治教育,最后人事处来进行分配。

有的学校则设立学生工作处作为分管校长下属的从事学生管理工作的职能机构,把学生从入校到毕业分配全过程的管理工作统一起来。但在目前我国高校实行的校长分工负责制体制下,设置学生工作处也未能解决思想政治教育与管理工作脱节的问题,而且有时还会以管理代替教育,削弱学生的思想管理工作。因此,有的学校直接采取学生工作部与学生处并存,甚至采取合二为一的机构设置方式。这样的机构设置,从整体讲,学生工作高度集中统一,思想教育与学生管理融为一体,工作效能比较高。但是,这种党政合一的机构设置也存在某些不合理因素,而且作为一个职能部门,试图把分散、多头的学生管理工作统一起来,在客观上仍然是较难做到的。

在最近几年,有的大学出现了由党委和校行政办公室委派组成的一个专司学生工作的综合性机构——学生工作委员会。它的主要职责是对学生管理工作进行整体协调,对学生的思想管理、学籍管理、行政生活管理等管理工作进行决策,对学生工作的经验进行总结、交流、推广。在学生工作委员会下设办公室(或学生工作处)作为自己的办事机构,通过该办事机构使学生工作委员会这个综合性机构处于相对稳定状态,把各职能部门所承担的学生管理工作整体化,形成一个紧密联系的、封闭的管理体系。

根据这一指导思想,各系成立相应的学生工作领导小组,全面领导和协调本系范围内的学生管理工作,各年级成立由辅导员、班主任及有经验的任课教师组成的学生工作小组,协调本年级的学生管理工作。通过校、系和年级学生工作委员会和领导小组的作用,把传统的以纵向直线为主的管理系统,分层次地从横向上联系起来,形成学生管理机构的矩阵结构体系。部分大学经过实践,认为这种学生管理机构设置有四个方面的好处:第一,符合简政放权原则;第二,学生管理工作有了一个强有力的统一指挥机构,整个学生管理工作的计划、实施、检查、总结成为一个体系,符合科学管理原则;第三,大大减少了管理上的一些不好现象,符合高效管理原则;第四,信息反馈比较灵敏而且方向稳定。

学生管理工作委员会与职能部门固定机构相结合的大学生管理机构设置,在实践中表现出它的优势,很可能成为我国大学生管理机构设置的发展趋势,如何充分发挥所设学生管理机构在新时期大学生管理工作中的作用,还有待于在管理实践中不断完善。

第二节 高校学生管理工作队伍的建设

大学不仅要有高效合理的管理机构,严密有效的规章制度,更要有一批精明能干的管理干部,依靠他们的积极性和创造精神去工作,有了这样几方面的完美结合,大学生的管理工作才能取得理想的管理效果。可以说,管理大学生一切工作的支撑点在于管理干部。最大限度地调动和发挥广大学生管理干部的能动性,形成目标高度一致的管理工作集体,组织以人才培养为中心的协调的、高效率的、有节奏的管理活动,是大学生管理工作的实质,其核心是建设一支素质高、结构合理、战斗力强的大学生管理队伍。

一、高校学生管理队伍建设的意义

(一)在管理的本质和职能的体现上,大学生管理队伍起着决定性作用

大学生管理是高等学校管理工作的主体,是从管理上保证高等学校完成培养四化建设合格人才的一项系统工程。它直接关系到学校的安定团结,关

系到正常秩序的建立,关系到能否教育学生抵制错误思潮和不良风气,以建立良好的校风学风,促进学生健康发展,自觉成才。

高等学校学生应当具有坚定正确的政治方向,热爱社会主义祖国,拥护中国共产党的领导,积极参加社会实践,走与工农相结合的道路;应当具有为国家富强和人民富裕而艰苦奋斗的献身精神;应当遵守法律、法规、校规、校纪,有良好的道德品质和文明风尚;应当勤奋学习,努力掌握现代科学文化知识。这体现了社会主义大学生管理的本质,适应了社会主义政治、经济对大学生管理工作的要求。

然而,学生管理的社会主义方向能否坚持,管理目标能否实现,直接起决定作用的是管理干部。由于大学生管理是以人的集合为主的系统,其管理工作充满着教育的特点,因此,管理干部在学生从入学到毕业的在校阶段的学习、生活、行为的全过程中发挥着不可替代的组织、领导、督促检查、控制、协调、指导帮助和激励、惩罚等方面的决定性作用。可以说,在学校这个培养人才的系统中,无论从诸因素的相互关系去分析,还是从各个工作环节去分析,作为以教育者为主体的管理干部,始终处于主导地位,涉及学生成长的一切工作是通过他们进行的,学校工作的成果,培养人才质量的好坏,归根到底也依赖于他们。当前,随着改革开放不断深入,各种文化思想、新旧观念的冲突,造成了部分学生思想的不稳定,因此,加强科学管理尤为重要。而管理干部,特别是领导干部在体现大学生管理的本质和职能上起着决定性的作用。

(二)在学校人才培养目标的实现和各种教育要素的构成上,管理队伍起着骨干作用

学校工作应以培养人才、促使青年学生健康成长为中心。大学生管理的目的也在于全面实现高等教育的目标,概括讲,就是提高管理水平,促进人才素质的提高,使大学毕业生能主动适应社会主义现代化建设的需要。

大学生管理的基本要素有四个:一是管理对象;二是管理队伍;三是管理内容;四是管理手段。在四个要素中,虽然管理对象是管理活动的主体,但是开展管理活动的主力却是管理队伍。管理对象要靠管理队伍教育培养,管理内容要靠管理者去制定,管理手段要靠管理队伍去运用和改革。任何先进的管理手段,都只能作为辅助工具,不能代替管理队伍。

换言之,学校的一切工作,包括正常的教学、生活秩序的建立和维护,学生良好行为习惯的养成,严谨、科学、优良作风的培养,德、智、体诸方面的全面发展,都需要管理队伍去精心决策、计划、组织、指挥和控制。而且,随着国家建设的需要,高等学校培养人才的任务日益繁重,可以说是以往任何时期不能比拟的。而改革过程中新旧体制胶着对峙的状态导致不同的社会利益矛盾大量存在,有的还趋于表面化,最突出的问题是形成了议论较多的难点、热点。这些改革动态过程中出现的问题,无一不在社会的晴雨表——大学生身上反映出来,国内国外各种势力也都把自己的希望集结在大学生身上。所有这些都增加了大学生管理工作的复杂性和困难性,因此,时代对大学生管理队伍的要求也越来越高,大学生管理队伍在学校人才培养目标的完成中的作用也越来越重要。

(三)在大学生管理规律的掌握和管理原则的贯彻上,管理队伍发挥着主导作用

管理队伍对管理的本质和职能的决定作用,以及完成管理任务时的骨干作用,都是管理队伍在大学生管理工作中主导作用的体现,而发挥管理队伍在培养人才工作中的主导作用,又是管理过程中掌握管理规律和贯彻管理原则的需要。

管理过程是学生在管理工作者指导下认识客观世界的一种特殊的认识过程。在此过程中,存有多层次多方面的关系、矛盾、规律,而管理队伍与学生两方面的活动是管理过程中最主要的活动,发挥管理工作者的主导作用和调动学生自我管理的主动性和积极性是主要矛盾和主要规律。尽管管理过程中还有其他各种关系,诸如思想管理、行为管理、智育管理、体育管理、美育管理方面的关系,管物与管人的关系,学生管理与教师管理的关系,管理者的素养与管理效果的关系,管理效果与管理者对大学生心理特点、思想特点认识程度的关系,以及宏观方面的学校教育和学生管理与外部世界的关系等,但是,这些关系、规律都是从属于管理过程的总规律的。为了正确地反映和掌握这些规律,实现一定的管理目的,管理工作者经过长期的探索,提出了一系列管理原则:诸如为社会主义现代化培养合格人才的原则,实事求是、一切从学生实际出发的原则,系统综合管理原则,管理与教育相结合原则,民主管理原则等。

在这些原则中,发挥管理工作者的主导作用和启发学生的主动意识,与培养学生自我管理能力相结合应成为中心环节,而在管理工作者与学生这对主要矛盾中,管理工作者又是矛盾的主要方面,因为这些原则的贯彻归根到底还要靠管理工作者去发挥主导作用,还要靠管理工作者全面掌握和运用,进行创造性劳动,去启发学生配合管理,积极主动地按照德、智、体全面发展的人才标准进行努力。

(四)在改革开放时期,大学生管理队伍发挥着特殊作用

高等教育的培养对象不同于普通教育,大学生的生理特点和心理特点不同于中学生,他们的心理特点和思想特点是由他们所处的社会环境和他们的地位的变化、学习活动的变化以及生理变化所决定的,社会政治、经济乃至社会舆论和社会生活方式对大学生的影响是很直接的。

社会主义新时期的大学生管理工作已不是一般地培养良好思想、良好行为习惯,还担负着系统地向学生进行马克思主义教育,特别是辩证唯物主义和历史唯物主义教育,坚持正确的导向,不断提高学生的政治免疫力,努力创造良好的内部环境的重任。在加强对学生思想教育的同时,要严格大学生管理工作,使学生不断增强历史责任感。显然,在社会主义新时期的大学生管理工作中,管理工作者不仅在提高教育质量方面发挥着普遍作用,而且还日益显示出在学生成才导向方面的特殊作用。所有这些都充分说明建设一支各方面素质良好、战斗力强的学生管理队伍,是办好社会主义大学的一个重要措施。

二、高校学生管理队伍组织建设

目前,在我国高校中直接从事大学生管理工作的队伍主要由年级辅导员和班主任组成。年级辅导员大多由青年教师或少量高年级学生、研究生来担任,其中包括一部分专职从事思想政治工作的青年干部,班主任则全部由教师担任。另外,在校、系两级还分别有一部分干部专职从事大学生的学籍管理、行政人事管理和思想管理工作,他们分别在大学生管理机构中担任一定的职务或是作为具体的工作人员。

从整体看,从事大学生管理工作的这支队伍,熟悉业务、熟悉学校环境、熟悉整个大学生管理工作规律,熟悉学生生理、心理等方面的特点,而且有干劲、有热情,能积极开展学生管理工作的研究,在学校管理工作科学化、规范化、现代化等方面不断跨出新步伐,取得新成果。但是从目前实际的学生管理情况和新时期国家对大学生管理工作的要求来看,这支队伍仍明显不适应需要。

高校的学生管理工作,除专职的学生管理工作者外,广大的业务课教师以及学校行政、教辅人员,也应是此项工作的承担者。不管教师或教辅、行政人员本人是否有意识、是否承认,"教书"以及学校的其他管理工作都在起着"育人"的作用,都对学生思想品德、言行情操起某种规范、导向作用,这是不以人的主观意志为转移的客观规律。但由于各种原因,高校专业课教师中,能比较经常、比较自觉地管理教导的人还是少数,大部分人除了上课,其他管理、教育工作都推给了学生管理干部。由于高校学生管理工作队伍的情况大多是如此,也就不难理解高校学生管理工作为什么容易出现某种程度的宏观失控、微观紊乱的局面,也就不难理解大学生管理工作为什么多年来一直是牵动全局的大问题。

加强专职学生管理队伍的建设,并不是简单地追求人数的增加。正确的方针应该是在保证相当数量基础上的少而精,使学生管理干部向这方面的专家方向发展。因此,要纠正过去那种认为学生管理干部只要能领学生劳动、打扫卫生就行的错误思想,要纠正把学生管理干部当成"万金油"的错误倾向,有必要对高校现有的专职管理队伍进行适当的调整充实,对一些政治上、思想上不合格以及部分能力偏低、难以胜任工作的人另行安排工作,把那些有事业心、有组织能力,政治觉悟高、业务好的同志充实到学生管理工作岗位上来。

同时,要积极从高校的学生管理专业、第二学士学位班中培养专职学生管理干部,从优秀的毕业生或研究生中选留有志于学生管理工作的同志充实管理队伍。加强专职学生管理队伍的建设还要求建立独立于专业教师外的专业技术职务晋升体系,大胆果断地破格提拔他们当中的优秀分子,放到工作第一线的关键位置上去锻炼,使他们从工作中体验到成长和进步,一旦这样的机制形成后,这支队伍就会越来越精,越来越强。

建立一支专职的学生管理队伍,能保证大学生管理工作的连续性、稳定性。但是,学生管理工作是多因素、多序列、多层次结构的综合体,与过去相比,管理的内容和形式都发生了很大的变化。可以说,一个学校,只要有学生,就有管理工作。无论从时间角度,还是从空间范围而言,学生管理工作无处不在、无时不有。显然,学生管理任务单靠少数专职管理人员是很难完成的,因此,必须建设一支庞大的兼职学生管理工作队伍。

所谓兼职学生管理工作队伍,主要是指由专业教师或其他职工兼任的年级辅导员、班主任、学生导师,一般做法是从本校教师中,也可从研究生或本科高年级学生中以及学校其他政工干部或管理干部中选拔聘任。教师兼职从事学生管理工作,不但是因为他们与学生有天然的师承关系,对学生有较大影响力,而且他们在与学生的接触中,能及时准确地掌握学生的思想、情感、个性等方面的变量,可以从管理的角度给学生指点方向。因此,把学生的教育管理工作渗透于业务教学之中是完全可行的。

高等学校职工,尤其是直接接触学生部门的职工,在某种意义上都是大学生的管理者。这些职工若都能配合学校的管理目标,从各自的工作实际出发,协助做有关的学生管理工作,那么就会使管理队伍在更广阔的领域得到延伸,使其成为学生管理工作的新"能源"。

现在关键的问题在于,高校必须用政策去调动广大专业教师和其他职工兼职从事学生管理工作的积极性,调动他们教书育人、管理育人的工作热情。因此,高校必须在具体工作中,包括工作的评估、职务的聘用上,把是否兼职从事学生管理工作,以及是否教书育人、管理育人作为一个硬性指标,既有定性的评估,又有量化的考核,以此激励广大教职工积极投身到学生管理工作中去。

加强大学生管理队伍的组织建设,还意味着要加强有着浓厚学术性的学生管理、咨询、研究力量的配备工作。这些工作既要面对学生中涉及的政治、历史、人生观、价值观和精神卫生、行为规范的问题,又要为学校领导做好调研工作,起到某种智囊团的作用,即通过他们自觉地用党的方针政策、用教育理论和教育科学衡量学生管理工作,促使学生管理工作科学化,并经常研究学生管理工作的周期性、规律性,促使学生管理程序规范化,以取得最佳管理效果的方法来改进管理过程。这一方面的力量主要应来自有相当理论基础的教师和有丰富学生管理经验的专职干部。

三、高校学生管理队伍制度建设

高校学生管理队伍的相关制度为大学生管理工作的高效、高质开展提供了人员、队伍方面的保证,可以说,它完成了大学生管理队伍建设方面的"硬件"建设。但是,一支优质的大学生管理队伍,还要靠不断提出新的要求,制定工作规划,进行组织培养,才能不断提高管理队伍的思想水平、管理能力和学术水平。因此,必须加强大学生管理队伍的"软件"制度建设。

长期以来,许多地方和学校对大学生管理队伍的制度建设并未给予足够重视,认为有没有制度都可以工作。因此,在学校里普遍存在大学生管理干部定编紧、补缺难、提升慢、待遇差的状况。而且,大学生管理工作缺乏明确的工作目标和职责范围,人们往往把任何与学生沾边的工作都推给大学生管理干部承担,结果造成工作任务分配不均衡。学生管理干部整天忙于应付各种差事,很难集中主要精力研究如何改进、提高学生管理工作。

为适应新形势对大学生管理工作的要求,必须确立大学生管理队伍的职责范围,建立有关规章制度,使大学生管理队伍建设规范化和科学化,使大学生管理工作在最有效的、最可靠的、最佳的状态下进行。

大学生管理队伍的制度建设包括的内容有:大学生管理干部工作岗位责任制度、大学生管理干部工作评价监督制度、大学生管理干部的晋升考核制度、大学生管理干部的培养进修制度、大学生管理干部的淘汰制度等。这些制度中,工作岗位责任制度和评价监督制度必须首先明确。

(一)高校学生管理队伍的岗位责任制度

大学生管理队伍的工作岗位责任制度就是把学生管理工作的有关规定、要求、注意事项具体落实到每个管理工作者身上的一种责任制度,它使得每个管理工作者都有明确的分工和职责,并可为评价每个管理工作者的成绩提供依据。

各层次的大学生管理队伍的工作岗位责任可大致划分以下几处。

1.校学生工作管理委员会主任。其肩负着统一指导和协调全校学生管理工作的重任,他要根据学校党委和行政学期工作计划,制订全校学生工作的学期计划,同时在学期内根据不同年级的不同特点,对阶段性的学生管理工作进行组织、安排和实施;定期分析学生思想动态,为党委和校长对学生管理工作的决策提供准确的材料;安排全校学生管理干部培训,并与人事处一起组织和落实学生管理干部的专业职务评定工作;根据全校学生管理工作的总体要求,协调全校各部门学生的思想教育、后勤服务、学籍管理等工作。

2.校学生工作委员会办公室(或学生处)主任。其在学工委领导下主管全校学生行政管理和思想教育工作。根据学工委的决定协调有关管理机构的学生管理工作,并积极配合、组织和检查基层学生管理工作;负责奖学金、贷学金的管理、评定、调整和发放;主管招生和分配工作;协助教务处进行学籍管理,办理退学、休学、复学和转学手续;检查和维护教学、生活秩序和纪律;统一处理学生来信及来访工作;掌握全校的学生统计工作。

3.系学生工作组组长。其在系党总支和系主任领导下,组织实施学生的学习活动和学生管理；认真组织和安排好政治学习和形势教育任务；抓好学生的党团思想建设和组织建设；指导和支持年级辅导员、班主任开展工作；协助班主任做好学生操行评定、"三好"评比工作和毕业生分配工作，并努力掌握学生思想特点和发展变化规律，探索学生管理工作的经验。

4.年级辅导员。主要负责统筹本年级或本专业学生日常思想政治教育和有关的学生管理工作，在系党总支领导下，组织好年级学生的政治形势教育、新生入学教育以及学生在劳动、实习、军训、毕业分配中的思想政治教育工作；负责协调安排本年级学生的社会实践及课外公益等活动；根据本年级具体情况，制订学期工作计划，指导、检查班级计划实施情况；对学生的升留级、休学、复学、退学、奖惩、奖贷、品德评定、综合测评、毕业分配等工作提出具体意见；开展对工作对象、任务、方法等课题及有关理论的科学研究工作。

5.班主任。其是学校委派到班级指导学生学习，负责学生管理工作，并配合党团组织和年级辅导员开展学生思想教育和管理工作的教师。班主任要坚持四项基本原则，用爱国主义和共产主义思想教育学生；引导和督促学生，指导班级开展各种学习活动，帮助学生改进学习方法，不断提高学习效率，并起好教与学之间的桥梁作用；全面了解和掌握学生情况，做好本班学生的品德评定，德、智、体综合测评，评定奖学金、贷学金、困难补助、年度鉴定及毕业生鉴定等工作，做好班干部的选拔、培养和指导工作；指导学生的课余生活，加强学生的集体观念，培养团结向上的好班风。

6.导师。由忠诚于人民教育事业、责任心强、品德高尚、教学经验较丰富、学术水平较高的讲师以上教师担任。导师工作侧重于学生专业学习的指导和学术思想的熏陶，兼顾思想政治教育工作，努力把思想政治工作深入专业学习的全过程，在对学生专业学习启发指导的同时，进行思想政治上的疏导；发现和推荐优秀学生，并向学院提出破格培养的建议；全面关心学生，每年对所指导的学生进行考核，写出评语。

在建立具体的岗位责任制度时，应详细说明某一职位的大学生管理干部在任期内必须开展的工作有哪几方面，每一项工作要达到什么程度。而且，这些内容必须是有实践基础的,必须切合实际。

(二)高校学生管理干部的评价监督制度

开展大学生管理干部的评价监督具有多方面的作用:首先,确定大学生管理工作的质量标准,建立科学的评价指标体系;其次,评价监督制度能使大学生管理干部找出差距、增强自我调节的机能,在优化整个大学生管理工作的同时,发挥自己的特长和优势,努力创造出管理工作的新成绩;再次,它能调动大学生管理干部的工作热情,促进职能部门之间的竞争,有力地调动大学生管理干部的积极性;最后,实行评价监督制度能够为决策机关在决定管理工作者的职务晋升、薪金(包括奖金)调整、人事调动时提供科学合理的依据,避免凭个人印象决定、论资排辈依次轮流等不合理做法,从而提高大学生管理干部的工作积极性。因此,无论从加强管理队伍建设方面说,还是从强化管理工作者的素质、能力和工作责任感说,都必须积极开展管理队伍的评价监督工作。

开展大学生管理干部的评价监督工作,最关键的是建立有量和质概念的管理工作评价监督体系。一般而言,建立该体系应遵循以下几条原则。

1.方向性的原则。评价干部的目的在于促进大学生管理工作的规范化、科学化,引导大学生管理干部立足现在,顾及长远,为培养社会主义建设所需的专门人才这一总目标高速、高效、高质地工作,力争大学生管理工作的最优化。

2.可比性的原则。即评价的对象及其评价项目的确定必须有可比性,使评价项目有着基本相同的基础和条件,使个人之间可以按评价项目进行量和质的比较;同时,评价指标本身要尽可能量化,以期在更细的程度上求得同质和可比。对难以量化的指标则进行定性评价,使定量评价和定性评价有机结合起来,从而尽可能真实地反映出一个人的工作状况。

3.科学性的原则。评价指标体系应能客观、真实、准确地反映各管理干部的工作现状、成绩和水平。各级管理干部的管理工作相对独立而复杂,如年级辅导员,其工作范围非常广泛,建立指标项目不可能面面俱到,只能抓辅导员职责范围内的主要工作和集中反映辅导员工作成绩和水平的重要环节。

4.可行性的原则。大学生管理干部工作评价指标体系应在不妨碍评价结果的必要精确度和可能性前提下,尽可能做到简要明白,简便易行,从而便于评价人员掌握和运用。

根据上述几条原则即可制定出一套与大学生管理干部岗位责任制相符的、定性定量相结合的、侧重于定量的评价指标体系,并要求各层次干部按其职责和评价目标开展工作,尽职尽责地把工作做好,这是开展评价活动的出发点和最终目的。

第三节 高校学生管理工作者的素质研究

一个学校,能否把学生培养成为充满朝气的,有开拓和创新精神,德、智、体全面发展的"四有"人才,在很大程度上取决于各级学生管理干部的素质。高校需要那些能够遵循教育规律,按照党的方针政策办事,熟悉大学的教育、教学活动和学生思想状况,具有一定马列主义素养,掌握一定的专业知识、管理知识、教育知识,作风正派,处事民主,事业心和责任感强,大公无私,富有创造精神、科学精神和自我牺牲精神的德才兼备的管理工作者来进行管理。因此,必须大力加强学生管理队伍的素质培养,努力建设一支思想过硬、作风扎实的科学化、高效率的学生管理队伍。

一、大学生管理工作者素质修养的重要性

随着社会政治经济环境的不断变化,使人们生活方式、思维方式和精神状态发生重大变化。这些变化促使高校学生管理系统中两个活跃因素——管理干部和青年学生空前地活跃起来,形成了管理活动中最有生机而又不甚稳定的因素。

随着现代科学技术和文化的迅速发展,诸如网络等社会传播媒介的作用不断加强,高校学生管理活动也将受到越来越大的冲击。在这种形势面前,

若只用传统的管理思想、管理方法、管理手段去进行经验管理,势必会遇到不可克服的矛盾,因此,高校学生管理工作者必须加强素质修养,完善自己的知识结构,更新工作理念,改进工作方法,以提高管理效果。

(一)大学生管理工作是培育人的工作,必然要求管理工作者首先具有较高的素质修养

高校的根本任务就是为社会主义建设培养大量德、智、体全面发展的人才,毕业生将成为社会主义建设各条战线上的骨干力量,他们的政治思想素质、精神状态将决定国家和民族的未来。大学生管理工作者和教学工作者一样都肩负着重要的使命,广大管理工作者必须善于研究学生思想和心理的活动规律,既要善于掌握学生共有的思想活动规律,又要了解不同学生不同的思想活动;既要了解学生共有的心理活动,又必须了解不同学生千变万化的心理活动,并根据学生思想和心理活动的共性和特性,有的放矢地开展管理、教育工作。

显然,大学生管理工作比一般管理工作复杂得多,也困难得多,它必然要求学生管理干部有较高层次的素质修养。如果他们的水平跟不上实际需要,其在学生中的威信就不会高,工作也将难以开展。任何管理工作都需要特殊本领,有的人可以当一个有能力的革命家,却完全不适合做一个管理人员。要管理就要内行,就要精通管理学,就要懂得现代的管理知识,就要有一定的科学修养。一个好的业务教师不一定是个好的管理干部,而一个好的管理干部必须是一个好的教师。因此,管理工作者一方面要进一步提高对管理工作的认识,下决心选拔品学兼优的毕业生和业务教师来充实管理队伍;另一方面管理工作者要加强素质修养,努力学习掌握自己所从事工作必需的科学知识和业务知识,并逐步精通、掌握其客观规律,成为学生管理工作的专家。

(二)学生管理是个"言传""身教"的过程,必然要求管理工作者全面加强素质修养

在学生管理工作中,"言传"是很重要的,如果没有马克思主义的基本理论和党的教育方针以及有关大学生管理制度、规定的指导、教育,就不可能使学生自觉地规范行为。

但是,大学生管理系统作为"人—人"管理系统,与"人—机"系统的根本区别在于,它的工作对象是一个个有思想、有个性的朝气蓬勃的青年人,青年人的特点是都愿意获得教益,"身教"重于"言教"。如果没有管理工作者的率先垂范,身体力行,"言教"就成为"说教",就不可能有多大的效果。因此,学生管理工作者不仅要具有较高的思想理论素养,而且还要有良好的作风和品德修养,在这些综合素养基础上形成自己的人格魅力,来吸引学生、教育学生,真正使自己既是教育者又是实践者,从而达到良好的管理效果。

由此可见,一个十分注意自己的思想意识和道德品质修养,注意理论学习和吸收新的知识,不断地改造自我主观世界、不断完善自我知识结构、不断改善管理工作方法的人,必然是一个深受广大学生欢迎的、卓有成效的管理工作者。

(三)新环境下的学生管理工作,必然要求管理工作者的素质修养具有时代精神

应当承认,在改革的时代,许多新的管理内容、管理形式和管理方法,在还没完全学会的时候,实际生活又为我们提出了许许多多新的理论、新的问题需要去探索。管理者的管理对象也在发生变化,现代的大学生较以前年代的学生来说,他们的政治素质、文化水平、专业知识正在不断地变化和提高,他们对社会生活的介入越来越深,他们的思想、观点及成果同社会进步、国家兴衰有着至关重要的联系。因此,这种情况给大学生管理工作带来了一定的难度,需要他们进一步加强管理的预见性、警觉性、原则性、示范性,需要更新观念,跟上时代,增加知识,提高本领。

目前,党和国家要求大学生管理工作要联系实际,要渗透到专业教学中去,使行为规范化成为学生的自觉意识,要和思想教育紧密结合,要努力创造一个和谐、健康、向上的育人环境,要有处理突发事件的能力等,所有这些都使大学生管理工作具有很大的开拓性。毫无疑问,这对大学生管理工作者的素质修养提出了更高的要求。

应当说,大多数学生管理工作者是具有良好的素质修养的。但是,即使是对马克思主义理论已经了解比较多的,无产阶级立场比较坚定的人,也必须要再学习,要接受新事物,要研究新问题。提高素质修养是永无止境的,大学生管理工作者要以一个日益发展的现代世界为坐标来看待人们素质修养的提高,要及时调整工作姿态和知识结构,及时而科学地吸收人类创造的精神文明,使自己具备自我调节、变革自身的能力,不断地进行素质结构的新陈代谢,具有强烈的时代精神,在提高学生的思想、政治、文化素质方面积极地发挥应有的作用。

二、大学生管理工作者提高素质的基本途径

加强学生管理工作者的基本素质培养,不仅是个人修养问题,而且还直接关系到这支队伍的管理效果和威信。因此,提高学生管理工作者的素质修养,是高等学校的一项长期任务,也是加强学生管理工作,更好地培养"四有"人才的当务之急。

要提高学生管理工作者的素质,使学生管理工作提高科学化水平,除了需要管理工作者本人勤于读书,勇于实践,善于总结,不断追求素质的自我完善外,更需要各学校从战略高度认清提高学生管理工作者素质修养的意义,积极探索能达到目的的有效途径。

(一)开展全员培训

学生管理工作涉及因素很多,是一个复杂的大系统。要完成这种具有强烈的科学性和探索性的学生管理任务,学生管理工作者的素质从总体上来说,就不能仅仅具有文化知识和一般的管理经验,而且还应具有相当高的管理科学、教育科学以及有关学科的理论素养,具有一定的科学研究的实践锻炼经验,具有一定的调查研究、系统分析、理论研究的能力。

要想提高大学生管理工作者的素质,必须通过全员培训的途径,对在学校中从事学生管理工作的干部,不论何种学历、职务、年龄、职别,不论在何种岗位,都要无一例外地进行管理素质的培养、提高。首先,全员培训包括上岗

前的基础培训,这是为取得学生管理岗位资格服务的;其次,经过一段管理实践之后进行人员的培训,以便从广度和深度两方面增加管理的业务知识,进一步提高管理水平;最后是研讨性的培训,主要用以解决知识和理论的更新问题,通过研究讨论,促进学生管理工作者素质的提高。

(二)应用理论学习与研究实践相结合的方法

理论学习与研究实践相结合的方法,要求学校一方面能提出学生管理工作中需要探索研究的课题,鼓励广大学生管理工作者踊跃选择课题,组织立项研究,并对立项研究的课题提供必要的理论书籍、文献资料,为学习有关理论创造必要的条件;另一方面制定学生管理改革的研究立项和研究成果的评审、奖励制度,在评定优秀成果时,要审查其立论的理论依据以及理论飞跃的科学性,以此激发广大学生管理工作者有针对性地学习有关科学理论的积极性。另外,还可经常开展理论咨询、讨论等多种活动,组织学生管理工作者分析学生管理过程中出现的实际问题,总结实践经验,进行理性概括。这样,就有可能通过研究实际问题提高学生管理工作者的理论修养和各方面的素质水平。

(三)加强考核制度,实施奖励政策

对学生管理干部要定期考核其管理知识和相应的专业知识,考核其管理工作的技能和管理实践能力,形成其不断提高自身素质修养和管理水平的外在压力,对于一些在学生管理岗位上进行学生管理研究并取得成果,同时在管理实践中作出成绩的同志,授予相应的技术职务,对干部晋升,不仅依据其已有的工作成绩,而且还要有高水平的综合素质修养要求,并以此来测定和推断其对新的重任所可能承担压力的最大系数。对在学生管理领域的研究工作中取得显著成绩和优秀成果的管理工作者,应与取得其他科研成果的工作者同等对待,给予相应的表彰和奖励。

三、大学生管理工作者的素质要求

(一)具备思想政治素质

这是高校学生管理工作者应该具备的最基本的素质,具体包括以下几个方面。

1.立场问题。立场就是一个人在观察和处理问题时所处的地位和所抱的态度。学生管理工作者所从事的大学生管理工作是培养人才的工作,是一项政治性很强的工作。因此,学生管理工作者必须坚定地站在无产阶级立场上,忠诚党的教育事业,全心全意为人民服务;必须在思想上和政治上与党中央保持一致,做好学生的教育和管理工作。

2.思想观点。它与立场是统一的,一定的立场决定一定的观点。只有确立坚定的立场,才能更好地去观察、研究和解决问题。这就要求其必须树立正确的思想观点,坚持全心全意为人民服务,以党的群众路线为基本观点,这是做好学生管理工作的可靠的思想前提。

3.政治品质。其主要表现是:忠于党和人民,在任何情况下,坚持革命原则,对人对事不带个人成见,不以个人好恶为转移,襟怀坦荡,光明磊落。有没有高尚的政治品质对于学生管理工作者来说不仅涉及个人的组织性修养,也直接关系到能否按党的政策,把广大学生的好思多学的积极性引导到正确的轨道并团结到党的周围。

4.政策水平。主要指认识党的政策、理解党的政策、执行党的政策的水平,就是能够按照党的政策结合学生实际情况正确区分和处理不同性质的矛盾,正确区分政治问题、思想意识问题、认识问题和一般学术问题的界限,有效地做好学生管理工作。

(二)具备知识素质

学生管理工作既有理论性又有实践性,管理的对象又是具有较高文化素质和丰富知识的青年学生,因此,大学生管理工作者在总体上必须有相当高的知识水平。具体来说,学生管理工作者的知识素质包括四个方面。

1.马克思主义的理论基础。高等学校是各种政治思想、学术观点集中反映的地方,当代大学生往往又具有思想活跃、勤于思考等特点,他们愿意接受真理,但服理不服压,他们涉猎的知识面比较宽,但由于受社会阅历等限制,政策水平、理论修养、判别能力较低。

因此,学生管理工作者只有努力学习马克思主义基本理论,"不惟明字句而且得精神",自觉而牢固地以马克思主义的立场、观点、方法去指导管理工作,才能在各种思想观点面前目光敏锐,明辨是非,站稳立场,也才能引导青年学生坚持四项基本原则、坚持社会主义的改革方向。

2.学生管理方面的知识。要掌握一些管理的科学与艺术,掌握管理的技术和方法;要了解教育学、心理学、社会学等学科的知识,使自己具有决策、计划、组织、指挥等实际管理能力;强调管理方面的专业知识,就是要求"内行管理"。学生管理工作者应努力学习,提高自己管理专业知识方面的基本素质,提高自己的管理才能,逐渐使自己成为合格的管理者。

3.尽可能了解与学生专业有关的基础知识,掌握教学规律。有条件的还可兼任一些教学工作,如"两课"的教学或专业课的教学,从而有利于将学生管理与业务学习有机地结合起来,并建立威信。

4.与学生兴趣、爱好有关的知识。如文学、史学、艺术、体育等学科知识。当代大学生喜欢从一些人物传记、格言和文学艺术作品中找到自己的影子和楷模,学生管理干部运用这些东西可帮助学生加深对问题的理解,也能与学生有更多的共同语言,使管理工作更有成效。

(三)具备能力素质

这是指以马克思主义为指导,运用各种知识,独立地从事管理工作,开拓前进,解决现实问题的本领。对大学生管理工作者来说,他们的能力素质,最集中地体现在管理能力上。在复杂的环境下,这种管理能力在两方面表现得十分突出,具体如下:一是综合能力。管理工作者面对的是为数众多、情况各异的大学生。这些大学生由于家庭环境、个人阅历、政治面貌、品质性格、志趣爱好以及年龄上的差异,他们对社会、学校、家庭等各种事物的反应也就不同,从而构成了千差万别的思想,并在学习、生活等方面反映出来;二是分析研究能力,包括调查研究能力和理论研究能力。调查研究能力主要指深入学生之中,掌握第一手材料,经过分析和综合研究,全面掌握大学生情况的能力。理论研究能力主要是指结合实际工作独立进行分析研究,并使之上升到理论的能力。通过研究,找出管理工作的规律性东西,以推动学科的发展,指导管理工作。

(四)具备道德素质和性格修养

大学生管理工作者具备高尚的道德素质和良好的性格修养,不仅对做好管理工作本身大有益处,而且能够对青年学生产生教育作用,且其意义更为重大。学生管理工作者必须能为人师表,要谦虚谨慎,勤勉好学,实事求是,作风正派,办事公正,吃苦在前,享受在后,待人热诚,举止文明,从他们的言行中,广大青年学生就能汲取良好道德品质的营养。

高校学生理论水平较高,认识能力较强,他们对管理者的工作有相当的评价能力,从这种意义上说,学生管理工作者经常处于被彻底剖析、被严格监督的地位,经常会听到严肃的批评意见,有时也会产生歪曲的评价,因此,管理工作者只有胸怀坦荡,宽容虚心,经得起批评,才能增强管理工作能力。

第五章 高校学生管理的重中之重
——就业与创业指导

第一节 高校学生就业形势及发展趋势

一、高校学生就业形势分析

职业是一个人安身立命之本、施展抱负之基、成就自我之途。选择了一种职业就是选择了一种生存方式、一种生活甚至一种人生。可见,职业选择,对于人的一生有着重要的影响。但是,职业有时却是可望而不可即的,由于多种原因,大学生就业难已经成了一个不争的事实。

(一)大学生就业的不利形势

1.就业人数增多。近年来,大学生就业现状和前景逐渐成为社会普遍关注的一个话题。那么,大学生就业到底面临怎样的形势呢? 目前,大学毕业生求职的成本和时间有所增加,难度也增大,在这种状况下,了解就业环境是非常有必要的,这样才能在求职时做到有的放矢。

随着经济和各项事业的不断发展,我国高等教育模式已从传统的精英化模式向现代的大众化模式转变。

在大众化教育阶段,接受高等教育成为每个人的权利,因此,与精英教育阶段相比,大学生不再是计划经济体制下的"精英"和"宠儿"了,大学生也要公平地参与社会竞争,实行双向选择,自主择业。

2.我国就业岗位相对不足。

(1)我国就业弹性系数下降:就业弹性系数指GDP增长一个百分点,带动就业增长的百分点。系数越大,吸收劳动力的能力就越强。近几年,我国就业弹性系数一直走低。其主要原因是我国中小企业太少,就业容量不大,由于中小企业生存困难,造成数量太少,吸收劳动力的功能不强。

(2)劳动密集型产业数量少:人民币增值、金融风险压力增大,导致劳动密集型企业受到影响;科学技术的发展导致高新技术产业比例增加,从业人数减少。

(3)第三产业发展缓慢:与相近发展水平的国家相比,我国第三产业比重还比较低,发展相对较慢。受现行管理体制的种种制约,第三产业中的行政管理色彩重,行业准入限制多,人为地抑制了第三产业的发展,使一部分潜在的第三产业需求不能得到实现。

3.就业市场步入"买方市场"。在"精英教育"阶段,高校毕业生供给小于社会需求,大学生处于"卖方市场"。但是当高等教育迈向"大众化教育"阶段时,大学毕业生紧缺的时代一去不复返,大学毕业生与市场需求逐渐呈现"供需平衡",直至"供大于求"的现状。此时,大学生就业基本趋于市场化,价格机制在就业市场中的调节作用越来越大,在今后很长的一段时间内,高校毕业生将处于"买方市场"。

现在,大学毕业生层次间的较量是一个较明显的趋势,同层次、同专业毕业生的培养质量和特色竞争将格外激烈。这样一来,一部分大学生通过竞争将成为社会的精英,同时也必然会有一部分大学生从事与大众化相适应的"蓝领工作"。

由此可以看到,在目前的大环境下,大学生在求职时要客观分析个人的条件,不要好高骛远。

4.学校教育与社会需求脱离。

(1)专门人才素质未达标,造成岗位难得其人:我国高等院校近年来毕业生数量大增,但是专门人才的素质不能适应需要。这从一个方面反映了高等教育中"重分数轻能力""重书本轻实践"的弊端。

(2)学校专业设置不合理,造成人岗不匹配:大学专业调整4年一个周期,而社会人才需求变化远远高于这个速度。结果导致招生时是热门专业,求职时变成了供大于求的冷门专业。这需要加强大学毕业生信息的汇集与分析,以及动态调整能力。应该指出的是,学校教学往往以学科为中心,强调学科的完整性;而职位以能力为中心,强调知识的应用性。以知识发展为中心还是以就业为导向在学校还是一个未解决的问题。

5.用人单位更加重视求职者的能力而非学历。任何一项工作都要由人去做,只要努力用心,任何一项工作都可以做得非常出色。不要太在意企业的性质、福利等客观因素,最重要的是找到一个适合自己发展的平台。

在过去,我国大部分企业都会对求职者的学历作出硬性要求,求职者学历越高,就业就越容易,求职者文化程度的高低成为企业选才用人的重要参照因素。但是,近年来,用人单位要求由原来的侧重求职者学历水平,开始向注重求职者的实际工作能力和综合素质等方面转变,学历因素对求职者的影响略有下降。

各类企业和机构招聘人才时,会同时评估大学生的能力和学识水平,所以为了寻求一份好工作,大学生还应该在提升自身能力水平上下功夫。

6.就业制度不配套。现代经济学理论将失业分为三种,即周期性失业、摩擦性失业和结构性失业。人们通常将大学生失业视为结构性失业,进而将"转变观念"作为解决之道。然而,由于信息不对称,导致"人不知其位,位不得其人",造成职位浪费。

此外,由于社会保障机制不健全,人才不能新陈代谢。在社会保障没有建立的情况下,相形见绌的职工,不能正常离开单位,而更为优秀的大学生也少有空位可以填充,人才既多又少。

7.学生就业观念未调整。当代大学生就业价值取向发生了很大的变化,从以前追逐大城市、事业单位、大企业单位,转为到一些中小民营企业、基层单位就业。就业压力使大学生改变了以往的就业观念,主要表现在:第一,就业单位的选择范围不断扩大。外企、民营企业由于国家政策的扶持以及发展速度的迅猛,成了大学生就业的热门选择;第二,在就业时,大学毕业生更多地关注未来工作的发展前景。大学生的数量在不断增加,大部分学生开始看重自己成长过程中的发展机会。这种重视个人发展机会,轻薪酬福利的观念是正确就业价值观形成的必然趋势。

最近几年,在国家政策的宣传和支持下,越来越多的大学毕业生选择了到基层、到西部工作的就业方向。我国出台的鼓励大学生到基层工作的措施主要有:大学生志愿服务西部计划、"三支一扶"政策、大学生村官政策,同时鼓励各类企事业单位特别是中小企业和民营企业聘用高校毕业生、鼓励高校毕业生自主创业和灵活就业、为学生创业提供税费优惠或者小额贷款,并组织创业指导、创业培训、政策咨询等活动。

(二)大学生就业的有利形势

1.人口结构变化使劳动力供给增长放缓。我国人口结构正在发生变化,在一定程度上反映了劳动力供求关系的变化。我国劳动适龄人口的总量开始减少,在新生劳动力供给方面,大学生将占据一半左右的水平,农民工总量特别是跨省流动农民工的增速减缓,并逐步趋于稳定。城镇化加速推进所释放的农村富余劳动力和劳动力素质的提高,仍然不能弥补劳动力人数减少对经济增长造成的负面影响。

2.经济新常态致就业结构发生变化。我国人口结构经济发展从传统的要素驱动向创新驱动转变,是经济新常态的反映。传统上,我国扩大就业主要依赖的是经济增长速度,但在经济增速逐渐下滑的情况下,解决就业问题开始依赖结构升级和产业优化。①

我国的经济新常态有四个典型特征,即我国经济正在从高速增长转向中高速增长;经济发展方式正从规模速度型粗放增长转向质量效率型集约增长;经济结构正从增量扩能为主转向调整存量、做优增量并存;经济发展动力正从传统增长点转向新的增长点。因此,认识新常态、适应新常态、引领新常态,是当前和今后一个时期我国经济发展的大逻辑。传统上,我国就业扩大主要依赖的是经济增长速度。但在经济增速逐渐下滑的情况下,开始更加依

①杨佰惠.中国经济结构与大学生就业[J].科技资讯,2020,18(2):235-236.

赖于经济结构的升级和优化。然而,经济增速的下滑并未削减就业扩大的动力。

其中的原因,就在于产业结构的优化和升级,大大抵消了经济增速下滑对就业带来的冲击。事实上,由于产业结构的调整,使得第三产业的就业吸纳能力大大增强了。随着资本投入的加大和技术、机器设备的换代升级,很多传统制造业通过"机器替代人"的方式降低了对劳动力的需求。同时,电商、游戏等在互联网浪潮之下趁势崛起的新产业以及一些自主创业衍生出的新业态却对就业展现出了相当大的吸纳力。同时由于大众创业万众创新战略的实施,激发了全民创新创业的活力,全国新增创业企业数量逐年攀升,创新创业就业吸纳作用明显。

3.非公有制单位对高校毕业生的需求急剧增加。非公有制经济作为社会主义市场经济的重要组成部分正飞速发展,并在国民经济中占有越来越大的比重。非公有制单位对人才的需求也越来越受到毕业生的重视。特别是东南沿海等广大较发达地区的非公有制经济迅速增长,对高校毕业生的需求急剧增加。

4.高新技术企业对高新技术人才需求量非常大。知识经济成为现今世界经济发展的主流,高新技术企业在我国飞速发展,使得对高新技术人才的需求量逐步扩大,因此与高新技术有关的毕业生在人才市场上非常"紧俏",如计算机应用、计算机软件、通信工程等专业在需求量排序中名列前茅。各地区、各行业目前都在积极吸引高新技术人才,争相提供优厚条件,为其创造良好的工作、生活和学习环境。

5.中西部和三四线城市用人需求旺盛。20世纪末,国家开始大力实施西部大开发、中部崛起和振兴东北老工业基地战略,中西部地区经济发展加速,用工需求旺盛,工资水平不断上涨,与东部地区的差距缩小。

6.我国社会对知识和人才越来越重视。根据我国国民经济和社会发展的要求,我国经济建设将转移到主要依靠科技进步和提高劳动者素质的轨道上来。目前我国中小企事业单位技术管理人才奇缺,严重制约了其发展步伐。许多单位超编严重,但高层次人才和技术人才奇缺,科技创新能力不强,企业竞争力低下。因此,企事业单位对"质量就是生命,人才就是效益"已逐步达成共识,"尊重知识,尊重人才"已在我国蔚然成风,高校毕业生有了越来越多的用武之地和广阔的发展前景。

7.大学毕业生就业市场已经初步形成。以各高校为主体的校园招聘活动已经具有一定的规模,高校就业信息网开始发挥积极作用。随着高校毕业生就业制度改革的不断深化,毕业生就业的供需信息渠道不通畅、信息量不足的问题将会得到解决。与此同时,毕业生就业指导越来越受到重视。不少高校开办讲座、开设就业指导课程,这对帮助毕业生成功就业起到良好的促进作用。

8.各种积极的相关政策调节就业压力。正所谓挑战与机遇并存,困难与希望同在,虽然大学生在就业时可能会面临种种困难,但同时也存在很多机遇。不管是国家提出的种种鼓励、支持政策,还是各高校、各单位提供的机会平台,对于大学生来说都是一个很好的机遇。每一年,教育部及地方都会出台相关的就业帮扶政策,以支持大学生就业。

为促进高校毕业生多渠道就业创业,努力实现更高质量和更充分的就业,教育部关于高校毕业生就业作出了以下4个方面的指示:

(1)鼓励毕业生服务国家发展战略。

①引导毕业生到重点领域就业:各地各高校要围绕国家经济社会发展需要,主动对接国家发展战略需求,向重点地区、重大工程、重大项目、重要领域输送毕业生。结合"一带一路"倡议、京津冀协同发展、长江经济带发展,大力开拓就业岗位。落实区域协调发展战略,引导毕业生到中西部地区、东北地区和艰苦边远地区就业。

②促进毕业生到新兴领域就业创业:各地各高校要结合建设科技强国、质量强国、航天强国、网络强国、交通强国、数字中国、智慧社会的要求,引导毕业生到高技术产业、战略性新兴产业、先进制造业和现代服务业等领域就业创业。深入挖掘互联网、大数据、人工智能和实体经济深度融合创造的就

业机会,在共享经济、现代供应链、人力资本服务等领域拓展就业新空间。

③鼓励毕业生到国际组织实习任职:各地各高校要加大政策支持力度,在经费资助、教学管理、就业服务等方面出台具体举措。高校要结合人才培养特色和学科优势,加快培养具有参与全球治理能力的高素质人才。加强与国际组织的联系,拓宽合作交流渠道。及时收集发布国际组织招聘信息,把国际组织相关内容纳入就业指导教材和课程,通过开展讲座、项目推介、组建社团等多种方式,为毕业生到国际组织实习任职提供咨询、指导、培训等服务。

(2)鼓励毕业生到基层就业。

①拓宽毕业生基层就业渠道:各地各高校落实好基层就业学费补偿代偿等政策,实施高校毕业生基层成长计划。服务乡村振兴战略,引导毕业生到现代种植业、农产品加工、农村电子商务等一、二、三产业就业创业。继续组织实施好"教师特岗计划""大学生村官""三支一扶""西部计划"等中央基层就业项目。鼓励毕业生到城乡基层从事教育文化、健康养老、扶贫开发等工作。

②继续做好大学生征兵工作:各地各高校要加强与兵役机关协调配合,落实学费资助、复学升学、就业创业等优惠政策,共同组织咨询周、宣传月等活动。加强高校大学生征兵机构建设,面向毕业生、在校生及新生等群体开展宣传动员,在高校放暑假前对体检、政考合格的学生发放《大学生预定兵通知书》。

③鼓励毕业生到中小微企业就业:各地各高校要充分发挥中小微企业吸纳毕业生就业的主渠道作用,广泛收集发布岗位信息,办好全国中小企业网上百日招聘等活动。省级教育部门要积极配合人力资源和社会保障、税务、中小企业主管部门等,落实小微企业吸纳毕业生的社保补贴、培训补贴、降税减负等优惠政策。高校要关心毕业生在中小微企业的成长发展,支持毕业生在小微企业进行产品研发和技术创新。

（3）提供全方位就业指导服务。

①优化就业精准服务：各地各高校要广泛应用"互联网+就业"新模式，通过新职业网、智慧就业等平台，根据毕业生情况和用人单位需求，开展精准对接服务。推动搭建跨区域、跨行业、跨类别的招聘信息服务平台，鼓励举办分层次、分类别、分行业的中小型校园招聘活动，更多采用网上初选、线下面试的便捷校园招聘模式。

②加大就业困难群体帮扶力度：各地各高校要重点帮扶建档立卡贫困家庭、少数民族、身体残疾等毕业生就业困难群体，配合有关部门落实好求职创业补贴等政策。要通过开展个性化辅导、组织专场招聘、优先推荐岗位、发放求职补助等方式，确保困难群体就业一个不能少、一个不能掉队。要与人力资源和社会保障部门做好离校未就业毕业生的信息衔接和服务接续工作。

③规范就业工作管理：各地各高校要严格落实就业签约"四不准"要求，即不准以任何方式强迫毕业生签订就业协议；不准将毕业证书、学位证书发放与签约"挂钩"；不准以户档托管为由劝说毕业生签订虚假协议；不准将顶岗实习、见习证明材料作为就业证明材料。建立健全毕业生参与的就业状况统计核查机制。严禁发布带有歧视性内容的招聘信息，严密防范"培训贷"、求职陷阱、传销等非法行为，切实维护毕业生权益，确保校园招聘活动公平、安全、有序。有条件的地区要积极推动建立入职定点体检和结果互认机制，尽力避免手续过于烦琐、重复体检。

④提高就业指导能力：各地各高校要加强就业指导教师的培养培训，在专业技术职务评聘中充分考虑就业指导教师的工作性质和工作业绩，推进就业指导教师队伍职业化、专业化、专家化。把学生职业发展与就业指导课程贯穿于整个人才培养体系，将课程与学科专业相融合，探索慕课等新型课程形式。要为大学生职业发展提供个性化咨询指导。

⑤充分发挥高校毕业生就业状况反馈的作用：各地各高校要认真落实就业情况统计和监测责任制，确保就业数据真实准确。不断完善就业质量评价指标体系，按时向社会发布高校毕业生就业质量年度报告。鼓励开展毕业生

就业创业与职业发展状况跟踪调查,推动形成就业与招生计划、人才培养、经费拨款、院校设置、专业调整的联动机制。

(4)加强组织领导和宣传教育。

①强化组织保障:各地各高校要认真落实就业"一把手"工程,建立就业工作目标责任制,切实做到就业创业工作"机构、人员、经费、场地"到位。省级教育部门要加强与相关部门的协调配合,共同研究制定就业政策,开展就业服务。高校要完善就业部门牵头,学工、招生、教学、创业、武装等部门参与的工作机制,形成"齐抓共管"的工作格局。

②加强监督检查:各地各高校要开展就业创业政策和工作落实情况督促检查,建立就业创业情况通报、约谈、问责等工作制度,对工作创新成效显著的要总结经验、表扬推广;对于不履责、不作为的现象要及时纠正并要求限期整改,对发生就业率作假等违规行为的要严肃查处并追究领导责任,确保政策和工作落实到位。

③深化思想教育和宣传引导:各地各高校要落实全国高校思想政治工作会议精神,把思想政治工作融入高校毕业生就业创业工作全过程,坚持立德树人,引导毕业生树立科学的就业观和成才观。加强正面宣传,广泛宣传基层就业创业毕业生典型事迹,宣传解读国家促进就业创业的政策措施,努力营造有利于就业创业的良好舆论氛围。

二、高校学生就业发展趋势

大学生就业一方面受高校教育质量的影响,另一方面也受到国家经济发展状况的制约,因为经济发展的速度与其能向社会提供的就业岗位成正比。我国从2010年开始,逐渐摆脱金融危机的影响,经济发展重新走上快速健康发展的轨道,大学生就业难问题一度得到缓解。然而随着欧债危机的逐渐蔓延,我国经济于2014年再度受到西方经济发展的拖累,经济下行压力较大,与之相应的大学生就业率必然会下降。对于未来大学生的就业形势,我们只能保持谨慎乐观的态度,因为它会受到国内外很多不确定因素的影响。抛开不确定因素,大学生就业有以下三方面的趋势。

(一)毕业生就业基层化

从大学生就业实际走向来看,大批毕业生到基层就业成为当前大学生就业的新动向。去基层就业持续升温,主要是中央政策引导和就业压力增大促成的。另一方面,从目前来看,村干部、社区服务人员以后的出路问题是比较乐观的。就公务员的招考而言,中央的政策明显向有基层工作经验者倾斜。除特殊职位外,市级和区县党政机关公务员要基本实现从有基层工作经历的人员中考录。这些政策上的调整对大学生就业起到了很好的引导作用。

(二)大学毕业生从一线城市转向二三线城市就业

据有关调查显示,目前应届毕业生对就业城市的选择逐渐多样化。北京、上海、广州、深圳的在职应届毕业生占全国在职应届毕业生的比例已经从54.1%下降到39.3%,杭州、南京、成都、天津的在职应届毕业生比例则从4.9%上升到12.2%,其他二三线城市的比例也有所提升。出现这种动向,既有市场调节的作用,也有政策引导的影响。从市场角度来说,首先,北京、上海、广州、深圳等大城市的人才需求是有限的,每年新增就业岗位的速度不及毕业生规模的增长速度。而一些二三线城市经济发展的潜力开始显现,就业机会增多。近年来我国城镇新增就业人口都在一千万左右,但是仔细分析发现,就业机会主要来自民企和外企,这些企业很多分布在大中城市;其次,我国经济经过多年发展,城市间也呈现"百花齐放"的良好态势。大城市房价居高不下、生活成本急剧上升,而一些中小城市的收入与消费比更加合理,从而吸引了大学毕业生从大城市转向二三线城市就业。从政策角度来讲,政府出台的相关就业政策发挥了积极作用。国家对到基层、到中西部地区、到中小企业就业的大学毕业生给予各种优惠政策,这些政策在实践中得到落实,对促进毕业生就业发挥了积极作用。比如,除了少数几个大城市,其他大中城市都放开了户籍限制,这些举措都在客观上加速了毕业生向二线城市流动。

(三)大学生自主创业比重加大

自主创业既能缓解高校毕业生就业压力,又能为社会创造新的就业岗位,具有带动就业的倍增效应,是高校毕业生就业的重要增长点。2015年6月,国务院印发《关于大力推进大众创业万众创新若干政策措施的意见》,按照"四个全面"战略布局,加大简政放权力度,放宽政策,放开市场,放活主体,形成有利于创新创业的良好氛围,让千千万万创业者活跃起来,汇聚成经济社会发展的巨大动能。创业作为灵活就业的一种形式,正逐渐被越来越多的同学认可和接受。据国际数据公司的研究报告显示,截至2022年,已有超过5000万人在淘宝网上实现了直接就业,超过2000万人间接通过淘宝网电子商务生态圈获得了就业机会,其中不乏诸多大学生。今后毕业的大学生会有很多人选择自主创业这条道路。

第二节 高校学生的择业观念与就业程序

一、高校学生择业观念分析

(一)价值取向差异性

每个人的价值观衡量标准不同,其对价值的判断也就存在很大的差异,因而大学生在择业过程中价值取向会呈现出多重性。社会主义市场经济体制的转变、中西方文化思想的碰撞、周边社会环境的影响势必会引起大学生们思想、行为的转变,这种转变会影响大学生价值取向与思想观念的重塑。复杂的价值取向在大学生择业过程中表现得尤为突出:有的大学生在择业时会把个人利益与集体、社会、国家利益统一起来;有的学生考虑更多的是能否充分发挥自己的个人价值,愿意到祖国最需要的地方、最艰难的地方去接受锻炼;有的大学生在择业时会考虑福利条件、收入高低、生活条件等问题,会选择经济效益好、经济发达的地区工作。

(二)择业理想多元化

大学生的择业理想受大学生不同的世界观、人生观、价值观的影响,存在着明显的个体差异性。比如,大学生的"先就业再择业"的观念,他们认为毕业后不必在短时间内找到一个稳定的工作,而是在职业流动中学会了抓住机遇、寻求发展的契机。随着政府的一些鼓励大学生创业政策的出台,有些大学生开始自己创业,自己当自己的老板,充分利用自己的聪明才智、社会资源并与政策完美结合,为社会减轻了压力,同时也为其他的大学生提供了更多的就业岗位。

(三)择业心态趋于稳定

大学生在择业时会受到个体、社会、群体心理等因素的影响与制约。随着社会主义市场经济体制的改革,就业制度的变化,大学生的自主择业意识越来越强,在人才市场选择职业的心态也日趋稳定、成熟。绝大多数大学生能够清楚地认识和评价自己;能准确分析当前的就业形势;能积极面对激烈的竞争局势。他们愿意去基层、农村或西部地区接受锻炼与学习;愿意踏踏实实从基层干起;能够正确对待"择业、就业、创业"之间的关系;"高不成,低不就"的现象逐渐减少。

(四)择业认识的片面性

随着社会主义市场经济体制与就业政策改革的不断深入,用人单位不再是被动地接收,而是根据自身需要吸收人才,人才市场更加和谐,竞争更加激烈,促使大学生转变旧的择业观念,用新的视角认识当前的就业形势。但是有些大学生在选择职业过程中仍然存在着片面性:有的大学生不能客观地认识、评价自我和自己的兴趣、爱好、能力等因素,缺乏科学、理性的认识方法;有的大学生趋"热"避"冷",向往所谓的热门职业,忽视所谓的冷门职业;还有的大学生对社会就业政策、环境等缺乏全面系统的认知与把握,对社会了解甚少,对社会的看法存在较多的主观性导致大学生走入过度追求专业对口、哄抢"铁饭碗"、一次就业定前途的误区。之所以有这些认识误区是因为大学生缺乏正确评判自我的标准,忽视社会供需平衡,职业选择的冷热不均等因素所引起的。

(五)择业时的心理问题

大学生在日趋激烈的市场竞争压力下,在选择职业时会产生不同的心理问题:一是自傲心理。有些大学生在选择职业时往往会认为任何工作对自己来说都能得心应手;有些大学生认为自己是名牌大学毕业或自己所学专业非常热门,对未来就业期望值过高,择业脱离实际,甚至会出现"眼高手低"的现象。二是自卑心理。与自傲相对的自卑也是大学生择业时显现的一种心理状况。具有自卑心理的大学生在选择职业时,没有勇气去面对竞争与挑战,缺乏自信心,有时甚至怀疑自己的工作能力。三是焦虑心理。唯物辩证法认为凡事要掌握一个"度",焦虑心理也不例外。适度的焦虑可能会增加大学生找到合适工作的成功率,但过度的焦虑会使大学生产生一些负面作用,导致择业失败。四是挫折心理。当代大学生一直在学校受学校文化的熏陶,缺乏一定的社会经验,心理承受能力与自我调节能力较差,如果遇到不如意的事情,可能会产生悔恨、失望、愤怒等情绪,他们的情绪波动较大,缺乏应对挫折与失败的心理。

二、高校学生就业程序

(一)高校就业管理的基本流程

1.毕业生资格审查。毕业生资源统计工作一般在每年的9月份开始进行。资源统计内容包括毕业生毕业专业、姓名、性别、政治面貌、家庭所在地、培养类别等。资源统计是一项十分重要和严肃的工作,既不能有丝毫差错又不能弄虚作假,凡是属于国家正式派遣的毕业生都必须是招生时列入国家任务计划内招收的学生。毕业生资格审查工作在每年12月份左右完成,主要从毕业生德育、智育、体育三个方面进行审查并判定其是否符合毕业条件。对于不符合学校学籍管理有关毕业条款的,给予结业处理(结业生落实到就业单位后同样可以派遣,只是派遣证上要注明"结业"字样)。

2.发布生源信息,收集就业信息。在进行毕业生资格审查的同时,学校还着手制定毕业生的专业介绍。专业介绍从所设专业、培养目标、专业内容、课程设置(专业课、基础课、选修课)、工作领域、专业前景等方面对应届毕业生的所学专业进行全面介绍。这是向用人单位提供的基础材料,主要是让用人单位对所需要专业的毕业生情况有所了解。毕业生也可以广泛收集就业信息,并积极了解各地区的就业政策,加强与用人单位的联系。

3. 发放就业相关资料。学校的毕业生就业部门向通过毕业生资格审查的毕业生发放《毕业生推荐表》和《全国普通高等学校毕业生就业协议书》(以下简称《就业协议书》)。其中《毕业生推荐表》每人一份,是学校对毕业生综合情况的证明。由于毕业生在找工作时尚未毕业,所以《毕业生推荐表》也是证明毕业生身份的有效材料。《就业协议书》是为了明确毕业生、用人单位、毕业生所在学校三方在毕业生就业工作中的权利和义务,经协商签订的法律文书,是劳动合同的一种特殊形式,具有法律约束力。同时,《就业协议书》是学校派遣毕业生的依据,是毕业生办理个人档案和户口的依据,毕业生必须妥善保管,如有遗失需按有关规定到就业管理部门办理相关手续。

4. 就业指导。就业指导已贯穿到大学生学习的全过程。对低年级进行的就业指导主要涉及职业生涯指导和就业素质教育,而各高校对应届毕业生进行的就业指导,主要为择业求职指导,包括形势分析、政策指导、信息指导、心理辅导、面试指导等,目的是帮助毕业生根据自身的特点和社会职业的需求,选择最能发挥自己才能的职业,全面、迅速、有效地与工作岗位结合,并帮助大学生在今后的职业生涯中实现自己的人生价值和社会价值。

5. 供需见面和双向选择。供需见面和双向选择活动是毕业生落实就业单位的重要方式。高校的就业管理机构在每年的10月份至下一年的6月份,采取多种形式召开由学校和用人单位参加的"供需见面、双向选择"大、中、小型招聘会,为毕业生求职择业创造条件、提供服务。毕业生在学校的指导下可直接参加这类活动。经供需见面和双向选择,毕业生与用人单位达成意向后,应签订毕业生《就业协议书》,作为毕业生派遣、报到、就业的依据。

6. 制定就业方案。每年3—6月,高校就业管理部门都要审查《就业协议书》是否合法有效,手续是否齐全。每年的6—7月,毕业生所在高校的就业主管部门要根据学校、毕业生和用人单位三方签订的《就业协议书》制定就业初步方案,经毕业生本人核对、确认就业初步方案后形成就业方案,然后到省就业指导局打印《全国普通高等学校本专科毕业生就业报到证》(以下简称《报到证》)。

7.派遣、报到接收工作。学校派遣毕业生的时间一般在每年的6月底至7月初。派遣毕业生统一使用《报到证》。公安部门凭《报到证》办理户口迁移手续。毕业生持《报到证》和户口迁移证到工作单位报到,用人单位凭《报到证》办理接收手续和户口关系。毕业生报到后,用人单位应根据工作需要和毕业生所学专业及时安排工作岗位和岗前培训等。

(二)用人单位的招聘流程

1.需求和招聘计划。用人单位根据自身的建设和发展状况,确定当年需要招聘毕业生的岗位、人数和条件等,同时,将根据要求制订详尽的招聘计划。

2.发布就业信息。用人单位在确定了需求信息后会及时向外发布,以传递给大学生。其主要渠道有以下几项:①到政府教育主管部门所属高校毕业生就业指导中心登记;②到高校毕业生就业工作部门登记;③在自己的网站上发布信息,供学生上网浏览;④通过电视、报纸、广播等媒体发布需求信息。

3.举行单位信息发布会。为在大学生中进行广泛宣传,一些用人单位(主要是企业单位)还会到学校举办单位说明会,介绍单位的发展建设情况、人才需求情况及发展机遇、用人制度和企业文化等,并回答大学生们关心的各种问题。单位说明会是大学生全面了解招聘单位的好机会。

4.收集生源信息。用人单位要招聘到优秀大学生,需要广泛收集学生信息。收集学生信息的主要渠道有以下几项:①从政府教育主管部门所属高校毕业生就业指导中心及学校就业工作部门获取学生信息;②参加供需洽谈会、招聘会或通过就业市场收集学生信息;③在网站上收集学生信息;④通过毕业生的自荐获取学生信息;⑤通过报纸杂志等媒体上刊登的"求职广告"获取学生信息。

5.分析生源资料。对收集到的学生信息进行分析处理,初选出符合自己条件的学生,以便进行下一轮筛选。一般而言,用人单位注重的学生资料包括性别、专业、知识水平、综合能力等要素。

6.组织笔试。为了考核学生是否具有在本单位工作所需的基本知识、能力和素质,一些用人单位会以笔试的形式选拔学生。笔试的时间、地点、出题范围,用人单位会提前通知。

7.组织面试。面试是许多用人单位考核学生综合素质的最后一关。有的用人单位还要组织几次面试,每次面试的参加人员及考核的侧重点是不同的。

8.签订协议。用人单位经过各项考核后,决定录用毕业生,这时必须签订《就业协议书》。有些用人单位会同时与毕业生签订《劳动合同》,明确双方的责、权、利。

9.办理就业管理部门的相关手续。用人单位根据招聘要求,需提前办理需求信息登记,公布招聘信息。办理信息登记有助于政府宏观掌握社会需求状况,有效防止不法单位对就业市场的干扰,保证毕业生和用人单位在公开、公正、公平竞争的条件下双向选择。

10.上岗培训。每一个用人单位对新员工都有一套培训计划。培训的内容因用人单位而异,但其目的都是相同的,即通过培训让毕业生在入职前对公司有一个全方位的了解,认识并认同公司的企业文化,坚定自己的职业选择,理解并接受公司的规章制度,明确自己的岗位职责、工作任务和工作目标,掌握工作要领、工作程序和工作方法,以便尽快适应新的工作和生活环境。

(三)大学生的择业程序

一个完整的择业过程,至少要包括了解就业政策、收集信息、自我分析、确定目标、准备材料、参加招聘会(投递材料)、参加笔试、参加面试、签订协议、走上岗位等环节。走好择业的每一步,对成功实现自己的择业理想十分重要。

1.了解有关就业政策。大学毕业生就业是一项政策性很强的工作,了解国家有关就业政策是大学生求职择业的关键一步。有人曾经形象地称求职择业中不熟悉就业政策的大学生"如同不懂得比赛规则而上场比赛的运动员"。的确,面临求职择业的大学毕业生们,如果不去首先了解国家以及有关部门的就业政策而盲目地去选择职业,那么很可能事与愿违,甚至碰壁。大学毕业生就业政策是国家为实现一定历史时期的任务,适应经济建设和社会发展的需要而制定的有关大学生就业的行动准则,它会根据国家政治、经济形势的变化而不断调整。各地区、各部门根据国家当年颁布的有关政策,结合本地区、本部门的实际,制定本地区、本部门的一些毕业生就业政策。

学校、毕业生和用人单位必须按照这些政策来指导和规范毕业生的求职择业活动。因此,毕业生在面向社会求职择业时,首先需要主动向学校及有关部门了解当年国家在大学毕业生就业过程中的具体政策规定,学校及有关部门也会在适当时机向学生公布国家及有关地区、部门的就业政策。

2.收集信息。完成任何一项工作,信息的收集都是必不可少的。对大学生就业活动而言,信息的收集是迈向成功的第一步。大学生在择业过程中需要收集的信息,大致包括以下五个方面内容:①政策和法规信息,如《中华人民共和国劳动法》《中华人民共和国劳动合同法》(以下简《劳动合同法》)等;②当前经济发展形势,社会各行业、各类企事业单位经营状况信息。另外,某一具体用人单位的经营状况、文化背景、发展前景、对人才的重视程度、工作条件、福利情况等,也是大学生应该收集的信息;③就业活动安排信息,如什么时候召开企业说明会、什么时候举办招聘会等,这些信息也十分重要;④成功择业的经验、教训信息。"择业过来人"的择业经验、教训,就业指导老师的切身体会等,都可以为大学生的成功择业助上一臂之力;⑤用人单位的需求信息。用人单位的岗位需求信息,该岗位对于大学毕业生的能力、技能要求以及专业要求的信息对于大学生就业至关重要。

大学生收集信息的渠道,一般有以下几个:①当地政府教育主管部门所属高校毕业生就业指导中心;②学校学生处或就业指导中心;③专业招聘网站;④广播、电视、报纸的"求职""就业"专栏或专版以及有关企事业单位的招聘广告;⑤社会考察及毕业实习;⑥亲朋好友及学校校友;⑦有关老师及其关系网络;⑧用人单位举行的说明会等。

在择业过程中收集信息时,应该有明确的目的,收集的信息要对自己的就业活动有用。这就要求大学生在收集信息时,注意所收集信息的准确性、客观性和全面性。而且,信息收集活动不应该中断,要连续进行,大学生在择业的每一个环节,都要注意收集信息。

3.自我分析。在收集信息的基础上,大学生要联系自身实际,理智地进行自我分析。自我分析的内容包括以下几点:①自身综合素质、能力的自我测评,如学习成绩在本专业中的名次,自己的兴趣、特长、爱好,自己有何出众的能力(包括潜能)等。②分析自己的性格、气质。一个人的性格和气质对所从事的工作有一定的影响,如果能从事与自己的性格、气质相符的工作,也许更容易出成绩。我们可以用一些测试表对自己的性格、气质进行一定的分析。③自己在择业过程中,具有哪些优势、哪些劣势,该如何扬长避短。④问一问自己究竟想做什么,即自己想在哪一方面有所发展,想成为什么样的人才,换而言之,即自己的"满足感"是什么、"价值标准"是什么。

理智地对自我进行剖析,在择业中至关重要。不清楚自己有何优势、有何劣势,不分析自己真正想要什么,会导致择业过程中的盲目从众和患得患失,同时也会影响到今后的工作。

4.确定目标。自我分析的结果,是确定自己的择业目标。从大范围上说,大学生首先需要确定的择业目标是择业的地域和行业范围。

(1)择业的地域:即是在沿海城市就业,还是在内陆城市就业;是留在外地就业,还是回本省、市就业。在确定择业地域时,要问自己这种决定是否符合政策条件,是否会得到政府教育主管部门以及学校的批准,同时还要考虑生活习惯、今后的发展等因素。

(2)择业的行业范围:即是在本专业范围就业,还是跳出本专业去其他行业就业;是从事本专业范围内的技术工作、管理工作,还是教学、科研工作等。在确定行业范围时,要多考虑自己的综合素质、能力如何,有什么兴趣和特长。

在确定了择业地域以及择业的范围与自己希望从事的职业后,可以向择业的目标进一步靠拢;对于愿意到企业工作的大学生,是选择国有企业,还是选择三资企业、民营企业;这些企业中,有哪些单位前来招聘,自己是否符合条件,自己最希望到哪一家企业工作。

择业过程中,当然会遇到不少不可预测的变化,但是,事先给自己的择业确定一个比较明确的目标,可以使整个就业活动显得有的放矢、有条不紊,不然,就会出现乱打乱撞的盲目、被动局面。

5.准备材料。在确定了择业的目标之后,大学生接下来要做的事情便是准备材料。这些材料包括个人简历、自荐信以及有关的重要补充材料。有关自荐材料的准备,将在后面详细讲述。

6.参加招聘会(投寄材料)。在大学生就业活动中,招聘会或就业市场在用人单位与学生间架起了见面、沟通的桥梁。招聘会或就业市场大致可分为四类:一是社会上的人才市场;二是政府教育主管部门所属就业指导中心组织的供需洽谈会、招聘会;三是学校组织的供需洽谈会、招聘会;四是各院系自身联系组织的小型招聘会。

在招聘会或就业市场上,用人单位与学生之间只是初步"结识"。用人单位向学生宣传单位的发展建设状况,同时收集众多学生的材料(有的用人单位可能向应聘学生发放登记表);学生则在了解用人单位的大致情况后,将材料或登记表交给单位。另外,用人单位往往会在网上发布需求信息,而大学生也可以通过上网将自己的信息传递给用人单位。

7.参加考试。不少用人单位在招聘过程中会采用笔试的方法考核应聘者的知识、能力与素质。大学生如果获得笔试的机会,应该珍惜并认真对待。在笔试前,要对自己所学知识进行科学、系统地复习,同时,调整好自己的应试心理和应试状态,准备好各种考试中可能用到的工具。笔试检验的是大学生运用大学期间所学知识、所培养技能去处理实际工作问题的能力。因此,用不着过分紧张和担忧。

8.参加面试。面试是一些用人单位考核学生综合素质的重要手段。通过面对面的沟通、交流,用人单位可以了解学生的表达能力、思维能力、处事能力以及其他一些不能通过笔试反映出来的个人素质。

对于面试,一些大学生容易出现一些情况:一是抱有过高的期望值,以致辞于急于向用人单位展现自己,说出一些夸大其词的言语,同时因为担忧自己不能引起用人单位负责人的注意或者出现回答不出问题的尴尬局面,所以在面试过程中表现得十分紧张、患得患失;二是进取心不足,自信心不强,看着同来面试的其他学生表现好,面对主考官临阵怯场,甚至萌生退意。

9.签订协议。用人单位通过供需见面、笔试、面试等招聘活动,选拔自己中意的大学生后,便向被其录用的学生发出录用通知书。学生在接到录用通知书后,如果愿意到该单位工作,则双方进入签订就业协议阶段。就业协议书一般应包括服务期、工作岗位和工作内容、劳动保障和工作条件、工资报酬和福利待遇、就业协议终止的条件、违反就业协议的责任等条款。另外,学生和用人单位可在就业协议书上附加双方认为需要增加的条款。

10.走上岗位。与用人单位签订好协议,并得到学校、政府教育主管部门的审核通过后,接下来大学生要做的便是以优异的成绩完成毕业设计,等待毕业派遣,做好毕业离校的各项准备工作。

跨出校门,大学毕业生将步入另一片天地。走上工作岗位,有更多的挑战等待着大学毕业生。服从安排、踏实肯干、遵守制度、刻苦钻研、尊重长辈、团结同事等,应该成为大学毕业生的具体行动。机会垂青于那些有准备的人,垂青于那些脚踏实地、勤奋努力的人,对于择业是如此,对于今后的工作,更是如此。一名优秀的大学毕业生,一定能够在未来的天空展开腾飞的翅膀。

第三节 高校学生就业与创业指导创新

一、大学生就业指导的内容创新

大学生就业指导的内容包含多个方面,主要包括就业策略指导、组织渠道拓展、就业去向引导、就业服务指导、观念形势教育、就业规划指导。合理的大学生就业指导的内容有助于高校更好地开展就业指导活动,同时也有利于大学生更清晰地把握未来就业方向,培养就业择业能力。

(一)增加基于性别差异的就业指导内容

大学生的就业问题与社会环境有着密切的联系。全社会要为大学生创造轻松的就业环境,要积极地引导大学生参与学校就业指导的各项活动,变被动为主动。在调查过程中发现女生普遍认为在就业方面存在着性别歧视,并且各用人单位招聘时对女生要求更为严苛。此外,女生对就业形势、就业机遇、人才需求等方面的了解不如男生。另外,不管是男生还是女生,他们对企业招聘程序、简历制作相关要求等方面的了解均不足。因此,要从以下两方面解决以上问题。

1.加强就业心理辅导。学校可以组织针对女生就业的宣讲,在宣讲活动中针对女生的特点及优、劣势,采取具有针对性的辅导,让女生更加清楚地了解当前的就业形势,树立就业信心。学校也可以邀请企业负责人阐述企业对人才的需求情况。

2.增加女性创业的相关指导。大学生创业指导一直是高校就业指导工作的重要组成部分。不过,历来高校对大学生的创业指导并不十分重视。近年来,随着国家"大众创业、万众创新"战略的实施,教育部出台了鼓励在校大学生创业的政策,高校开始逐渐重视大学生创业指导。目前,大学生的创业意愿仍很低,特别是女生的意愿更低。在女生就业相对较为困难的情况下,高校加强对女生的创业指导不失为一个万全之策。因此,高校应该加大女性创业的相关指导,让女生充分了解创业的激励政策,引导女生通过相互合作进行创业,带领女生参观创业园,邀请创业成功校友来校分享创业经验。另外,高校还可以制定各自的创业激励制度,特别是要加大对女生创业的激励。这样,不仅能提高女生的创业激情,也可以提高女生对就业的信心。

(二)加强管理类专业学生对专业和行业认知方面的教育

1.加强管理类专业学生的入学专业教育。入学专业教育是每所高校在新生入学时必须开展的活动之一。目前,各高校、各专业均有开展相关教育活动,但是效果却不尽如人意。学生在进行专业教育之后,对自身专业的了解程度依然不足,尤其是管理类专业。鉴于此,平时学校要注重对管理类专业学生的职业教育,提升其对专业和行业的认知。从新生入学开始就对管理类专业的学生进行相关知识的普及,从而使其对自身专业有更进一步的认识。

2.加强管理类专业学生的实践环节。实践环节是各专业为加强学生社会实践方面的能力,丰富学生的实习经历而开设的课程。但是,学校开设的实践实习多数仅止于形式,学生并没有真正从实习中获得应有的实践经验。另外,相对于理工科专业,管理类专业的实践机会相对较少。因此,高校应提高实践环节的成效,精简实践内容,使学生真正获得更多的实践经验。

3.加强管理类专业学生就业领域指导。由于专业性质不同,理工科专业的学生对毕业后所从事工作的领域相对熟悉,而管理类专业的学生则对本专业的就业领域较为陌生。所以,高校应该加强对管理类专业学生就业领域的指导。学校可以让管理类专业教师为学生讲解管理类专业的主要就业领域,邀请管理类专业的校友分享找工作的技巧和经验。此外,高校应尽可能多地邀请并组织与管理类专业相关的企业来校招聘,并请企业的管理人员为管理类专业的学生做专题讲座,详细介绍管理类专业相关的岗位,让学生能更好地了解管理行业的就业情况。

(三)根据年级特点系统设计就业指导

高校应该持续关注并有层次地培养不同年级学生的就业能力,逐步提高他们的就业意识。有些学生特别是低年级的学生,在校期间对就业根本没有紧迫感,也不清楚简历等怎样制作,哪里可以获取更多的就业信息。其中原因不能完全归结于学生主动性的缺乏,学校对学生就业指导的不足也是一个重要方面。大学生就业能力的提高从根本来说跟大学生自身有着密不可分的关系。

1.大学生应该正确认识自己,正确认识社会。只有正确认识自己和社会现状,才能更好地规划自己的职业生涯。

2.高校要对不同年级的学生开展不同内容的就业指导,让低年级学生逐渐树立就业意识。针对大学一年级学生,学校应该根据专业特点进行职业生涯规划教育。通过职业生涯规划,开展"第二课堂"的相关活动,引发学生对自身职业规划的思考。针对大学二年级学生,学校应该鼓励学生进行职业测试,以充分了解自我,完善自我认知,充分了解自身的职业能力、职业倾向和职业价值观等。针对大学三年级学生,学校应该注重专业技能的提升,加强就业政策、就业流程等方面的教育。针对大学四年级学生,学校应该强化学生在面试技巧、信息收集、人际交往等方面的能力,加强学生的就业观念教育,确保学生充分就业。

3.注重家庭教育对学生的积极作用。学生家长在平时应多关心学生的学习生活情况,时刻关注学生的发展动态,引导学生形成正确的就业择业观,鼓励学生自主就业、择业。

全社会都对大学生寄予厚望,希望大学生走上工作岗位后能够成为建设小康社会、实现中华民族伟大复兴的中流砥柱。这就要求大学生认识到就业、择业的重要性,在努力提高就业能力的同时建立较强的就业意识,树立正确的就业、择业观。

二、大学生就业指导的途径创新

(一)建立省级高校就业共享信息库

高校应积极开展网络就业指导工程建设。一方面,需要建立起并逐步完善各级就业信息库。通过信息库的建设，各高校可以获悉往届学生的就业去向、就业专业对口的占比等，针对不同专业的学生提供就业、择业帮助；另一方面，学生们通过查询信息库，可以更深入地了解自身专业的就业前景，根据专业就业流向，切实清晰地把握本专业的就业目标，由此更好地规划今后的职业生涯。就业信息库的内容应包括当前最新的就业政策解读、招聘信息、就业形势分析、专业行业介绍、往届毕业生的就业去向、就业典型案例、优秀学生的职业生涯规划案例等。学生可以通过网络在就业信息库里随时查询就业方面的信息，充分了解本专业的主要就业去向和就业企业，增强就业观念。

此外，就业共享信息库的建立应基于层级的统计，由各专业各班级至各年级、各学院再至各高校，逐级合并，最终形成完整而系统的数据库。省级高校就业共享信息库的建立可以更好地为全省的毕业生服务，为进一步推进大学生就业指导工作打下扎实基础。

(二)搭建官方就业微信平台

现如今，大学生群体正处于一个知识更新速度快、信息量巨大的大数据时代，在区别于传统信息交互方式的情况下，大学生更易于接受新的事物，更具有创造力。因而，高校在开展就业指导工作时，需要根据网络新媒体在大学生日常生活中的应用程度，来优化学生获取和加工就业信息的途径以及扩大信息影响的范围。高校应积极搭建官方微信平台，针对不同年级、不同专业、不同地域的学生，实时发布高效、高质量的就业信息，紧贴市场变化，提供有用的资讯。各高校应通过官方就业微信平台，做好后台的宣传和服务工作，设立相应的微信公众号和订阅号，整合及优化社会资源，满足大学生对就业信息的不同需求，并通过微信平台定期推送就业信息，让每位学生都能收到相关就业信息。这样学生能第一时间获取就业、招聘信息，既方便又高效。

利用好官方就业微信，一方面，为各类用人单位和学生搭建沟通桥梁，通过线上线下互动的方式，优化资源配置，并且把招聘信息、招聘内容和招聘活动有机结合起来，环环相扣，形成一个良性的循环；另一方面，学校也能够更好地了解用人单位的用人需求和学生的就业需要,帮助学生答疑解惑,以便更好地开展就业指导。

(三)借助微博推动大学生就业指导工作

在多媒体快速发展的今天,高校要结合时代发展特点,善于针对学生使用微博获取资讯的习惯来推动就业指导工作。虽然以辅导员微信和QQ通知为主的传统途径在学生获取就业信息方面仍占主导地位,但大学生通过微博等途径获取就业信息的比例也有明显上升。这说明随着技术手段的不断提高,未来学生获取就业信息的途径会更多。不同的就业信息获取渠道的选择将会在今后的就业过程中发挥着不可忽视的重要作用。因而,高校在开展就业指导工作的时候,要与时俱进,将传统途径和新兴途径结合起来,在开展传统的就业宣讲会的同时,利用微博同步进行就业政策、就业形势等方面的宣传。这样,学生即使错过了就业宣讲会,也可以第一时间通过微博获取信息。

高校通过微博平台,可以将就业相关资讯以"润物无声"的形式渗透于学生们的日常生活中,使就业信息的推送服务成为学生群体所关注的热门话题,从而推动大学生就业指导工作的开展。

(四)有针对性地选择就业信息传递媒体

调查发现,在校女大学生使用交流性媒体的频率要高于男生,而男生则更倾向于使用呈现性媒体。所谓交流性媒体,指的是类似微博、微信、博客等可以在线提问、咨询、留言的互动性媒体。呈现性媒体指的是信息以文字或者图片形式直接呈现在媒体上,信息发布后,咨询者只能获取信息,不能与发布者互动咨询的媒体,诸如报纸、杂志、网站等。

因此,针对不同性别的大学生使用媒体习惯的差异,高校可以通过微信、微博等网络新媒体向大学生推送就业方面的相关信息;同时,也可以通过官方就业网站及官方就业App等在线发布相关信息。这样既便于学生从不同渠道接收就业信息,也可以使就业指导工作更高效地开展。

(五)开发大学生就业App

目前,手机已经成为大学生必不可少的日常用品。随着智能手机的普及,开发大学生就业App迫在眉睫。高校可以根据实际情况开发官方就业App,同时做好宣传工作,让每位学生下载使用。学生可以用自己的学号登录就业App,查询就业政策、招聘信息、就业手续、企业信息等方面的内容。这样方便学生在外出时也能随时查看相关的就业信息。

现如今,我国高校毕业生人数在逐年增长,面对越来越庞大的毕业生群体,如何全面落实和贯彻就业与创业工作,是各地高校面临的首要问题。高校应注重和逐步实现官方就业App与学生的切实对接,参考社会常用就业App,如智联招聘、前程无忧、赶集网、58同城等应用软件的形式,完善高校官方就业App。这样有利于为大学生们提供可靠、真实的就业信息,形成高校为企业提供优质人才的同时又为学生们提供优质岗位的双向互动模式,不断推进人才、岗位等资源的优化配置,促进大学生就业与创业。

三、大学生就业指导队伍创新

(一)打造校友交流平台

当代大学生都是独生子女。因而,在成长的道路上缺乏同伴意识。调查显示,当代大学生的自我认识不充分,在就业的过程中,他们一般会通过咨询好朋友、听取他们意见的方式来帮助自己判断,很难自己作出决定。高校可以根据大学生的这一特性,打造校友交流平台。高校可以根据不同专业建立校友交流微信群或QQ群,之后通过宣传让每位学生都加入交流群中。学生可以在交流群中向校友咨询工作方面的相关事宜,校友们也可以和在校学生分享工作上需要的技能和生活中的趣事。这样,学生既可以更加清楚地了解今后的就业领域和就业方向,也可以更早地掌握就业需要的技能。此外,学校还可以邀请杰出校友来校做就业讲座,讲解行业的相关知识,跟学生面对面交流。

（二）开拓专业教师与学生交流新渠道

传统的就业指导通常是以辅导员为主的学工团队开展的，以专业教师为主开展就业指导的很少。但是，由于辅导员的专业知识有限，甚至部分辅导员完全不了解学生的专业知识，因而，辅导员在开展就业指导的过程中，效果会大打折扣。长此以往，不仅会让学生对专业前景更加迷茫，也使得学校开展的就业指导收效甚微，久而久之会导致学生不愿意上就业指导课程或者不想参加相关的就业指导活动。因此，高校在开展就业指导时，应该充分利用专业教师的资源，建立专业教师与学生之间沟通交流的新平台。各专业负责人可以通过开通专门的微博发布各自专业的专业前景、就业领域等，也可以建立微信群、QQ群，将专业教师和学生拉入同一个群内，学生可以随时在群内进行就业咨询，专业教师可以第一时间进行答疑。同时，专业教师也可以在授课的同时适当穿插就业行业的介绍，对学生进行个性化指导，给学生灌输专业就业方面的知识。这样，学生不仅可以更好地了解自身的专业，也可以跟专业教师建立良好的沟通，更有利于今后的就业。

（三）搭建学生家长与学校的交流平台

成长环境影响着学生的性格。不同性格的学生对就业的需求也不尽相同。鉴于此，高校在开展就业指导的过程中，应该充分考虑到家庭因素对学生的影响。在就业方面，无论是男生还是女生，家人的意见起着相当重要的作用。高校有必要随时与学生家长保持联系，定期沟通。高校可以建立家校联络体系，针对每个班级建立各自的家长微信群或QQ群。在群里，家长可以随时了解学生各方面的表现，与学校老师进行互动，互相交流心得。家长可以根据学生的不同表现，引导学生正确选择适合自己的职业，树立正确的就业观，给予学生更多的帮助，提高学生就业与择业的能力。

（四）建立行业、企业与学生之间的交流平台

大学生的就业指导除了离不开高校和家庭的教育和引导之外，自然也离不开社会和企业。根据调查数据分析，学生缺乏对职业的认知，找工作时根

本不清楚用人单位所提供的职位具体应该做什么事情,对将要从事的行业了解不深,这就导致学生在就业的过程中择业成了难题。针对以上现象,高校应倡导建立企业管理人员与学生之间的联络机制。首先,我们可以根据学生的需要,定期邀请企业管理人员来校进行职业讲座,让企业管理人员和学生面对面交流;其次,为方便学生与企业管理人员及时有效沟通,建立学生与企业管理人员交流的微信群、QQ群或者讨论组,利用新媒体技术,加强网上互动。这样,学生可以随时获取相关的就业信息;最后,我们可以定期组织学生实地参观企业,参观一线岗位的具体工作,深入了解不同企业的文化,这既加强了企业管理人员与学生之间的互动交流,也可以更好地开展校企合作,更有利于学生的就业。

四、利用多媒体手段进行大学生创业指导

随着时代的发展,多媒体的手段和技术也同样取得了长足的进步。在整个多媒体日益活跃的环境下,如何将其应用于指导大学生创业不仅是高校及教职工等应深入关注和实践的问题,也是大学生群体自身需要不断了解、开拓创新的方向。

(一)设计App软件进行创业

App是英文Application的简称,中文称为应用软件。起初App只是作为一种第三方应用的合作形式参与到互联网商业活动中去的,如淘宝、京东、新浪微博、网易邮箱等。由于iPhone等智能手机的普及,人们也逐渐习惯了使用App客户端上网的方式。这些App一方面累积了各种不同类型的网络受众,另一方面借助App平台赚取流量来盈利。

随着互联网越来越开放化,App与传统实体商店之间的联系也越来越紧密,从而萌生出一种新的盈利模式——O2O,即通过App将线下的商务机会与互联网结合,让互联网成为线下交易的平台。如在家中通过大众点评App购买电影票,并在线选择观看座位,随后完成网上支付,App将已支付的二维码凭证推送至手机;最后,凭借二维码至电影院自助终端设备扫码领取电影票,整个过程方便快捷。这样线上与线下完美结合的方式,不仅使得影院在盈利的同时提升工作效率、节约成本,更重要的是改变了人们出行游玩的固有习惯。

不难发现,无论是传统的盈利模式,抑或现今的O2O模式,App所蕴含的商业潜力无比巨大,前景令人期待。年轻的大学生初入社会,常常抱负远大却目标定位不明确,又没有一定的工作经验,难以找到一份理想的工作。而利用App创业门槛较低,通过打造一款优质App创收,恰恰正是给才华横溢的大学生们提供了一个展示自我、实现理想的平台。

(二)多媒体平台下的微商创业

中国自改革开放以来,经济高速增长40多年。在这个充满各种机遇与挑战的大环境中,高校大学生逐渐倾向于自主创业。传统大学生的实体创业,往往因为没有充足的创业资金而放弃。但是如今随着互联网的发展,电商创业慢慢成为大学生创业途径的热门选项。电商创业与以往的实体创业相比较,具有以下优势。

1.成本低。对于刚开始创业的大学生来说,如果不是开展很大的项目,起始所需资金并不是很多。同时,在创业初期未正式注册公司之前,不必为零碎的税务收费而烦恼。

2.费用低。当今社会网络通信发达,相较于以往的电话通信,绝大部分问题都可通过网络通信进行沟通、协商、解决,十分高效、便捷。同时,创业者不需要去租实体门面房,无须支付昂贵的房租。

近两年,微商逐渐活跃在我们的朋友圈。区别于传统电商,以淘宝店铺为例,微商的好处在于通过微信社交能更精准地找到用户群,从而大幅提升订单量。此后,随着微信官方对朋友圈恶意营销的严厉打击和用户对微商广告的深恶痛绝,微信朋友圈的电商模式逐渐演变为基于社会化媒体开店的新型电商。

大学生作为多媒体技术使用的最庞大的群体,在多媒体平台中进行微商创业具有巨大的优势。大学生想要在创业中大有作为,必须准确把握市场动态、竞争对手的发展趋向,及时调整发展战略,沿着正确的发展道路走下去。

(三)建立创业园地共享平台

传统的大学生就业方向,不外乎企业招聘或政府招募等,学生本人多为就业环节中的被动者,等待被聘用。然而,在现代科学技术不断更新发展的背景下,多媒体等新兴技术为大学生的就业提供了崭新的平台。大学生们成为就业的积极主动者,通过自主创业化被动为主动。

创业分流就业去向的出现,拓宽了高校在指导学生就业方面的视野,学校在关注学生传统就业渠道的同时,要紧跟时代步伐,相应地引导学生在大数据环境中,因时制宜地自主创业。在开展就业指导工作时,更新和转变学生的被动就业观念,鼓励创新,"以创新引领创业,以创业带动就业"。这是每一个高校就业指导人员所必须思考和实践的问题,也是时代发展的要求。

并且,高校作为大学生群体初入社会的跳板,应率先建立和逐步健全大学生创业发展链。将从以下三个方面来解决问题:首先,高校应通过各大多媒体平台向学生们推送创业相关的信息,如创业项目、创业意向合作人、校园创业群等;开通资讯互动平台,通过学生们的咨询来关注和了解在校大学生们的创业意向和动态;其次,完善往届学生的相关创业信息,时时与国内外各大高校开展创业资讯交流,建立省级大学生自主创业共享平台。以科学的数据为学生提供创业方向的预判,指导学生在创业的洪流中更好地抓住机遇;最后,高校应尽可能地重视和加强创业园地的建设工作。一方面,学生在校内创业园地创业时受到学校氛围的影响,在创业思维、行业规范等方面都能够占据优势地位,同时也能为就业指导工作营造一个良好的环境;另一方面,通过创业园地平台的建设,在高校与高校之间、高校与企业之间以及高校与政府之间,形成良好的资源共享模式,为大学生寻找创业基地提供便利,且能充分发挥互联网等多媒体合理优化配置资源的作用。

第六章 高校学生管理工作创新趋势

第一节 "微时代"下高校学生管理工作创新措施

面对新的时代背景,高校可从转变学生管理工作理念、优化学生管理工作队伍、健全学生管理工作平台、丰富学生管理工作方式四个方面来积极探索高校学生管理工作创新措施,不断增强学生管理工作的创造力、号召力和影响力。

一、实施"微管理",转变和创新学生管理工作理念

(一)实施学生管理工作思维的转型

"微时代"下,随着微媒体在校园内的普及,学生管理工作者可以借助微媒体平台作为新的学生管理工作阵地和载体,使学生管理工作不断现代化和科学化,从而提高工作效率,这就需要学生管理工作者进行思维的转型。

1.学生管理工作者应该从思想上重视微媒体平台所具备的潜在管理功能。"微时代"下,随着微博、微信等微媒体在大学生中的普及,管理者如果能运用这些平台作为和学生互动及管理的新方式和新途径,那么就能更好地融入学生的学习、生活中去,就有可能发挥潜在的管理功能。这就需要学生管理工作者转变思维方式,不对微媒体抱有偏见,反而要正确认识微媒体、认真研究微媒体、大胆使用微媒体。

2.管理思维可尝试由现实管理向虚拟管理转型。与学生进行面对面的交流是管理者普遍采用的方式,他们认为这种方式能较好地实现对学生的管

理。但是在"微时代",这种方式可能并不为学生们所普遍接受,甚至容易使部分学生产生厌烦的情绪,因此,应该将这种思维向虚拟管理转型,重视并尝试通过以学生喜闻乐见的虚拟微媒体平台实现宣传、交流、管理、服务等功能。

3.积极转变管理理念。把握"微时代"带来的机遇,树立"以学生为本"的理念,打造民主和谐的校园环境、构建科学完善的学生管理制度、重视学生的主体性地位,使管理更加的科学化、民主化和正规化,从而实现学生的全面发展。

学校也应适应潮流,转变学生管理工作思维,适应新环境、新要求,将微媒体平台纳入学校整体学生管理工作战略之中,加大资金和技术的投入,谋求可持续发展的创新之路,为推进高校学生管理工作健康、有序发展奠定坚实的基础。

(二)重视微媒体的价值引导

大学阶段是学生形成正确世界观、人生观和价值观的重要阶段,而与各种丰富信息的接触,容易对大学生的思想观念和道德认知造成不良影响,甚至出现理想信念不坚定、价值观混乱等问题,如果不及时加以引导,就可能造成难以弥补的遗憾。"微时代"既有利于学生更新思想观念,又容易使他们受到不良信息的误导,影响他们正确观念的形成。但是,如果能引导学生正确使用微媒体,使他们具有良好的微媒体使用素养,他们就能有选择性地利用微媒体平台中的资源,从而抵制不良信息,促进学生自身的全面发展。首先,高校可尝试开设微博、微信等微媒体使用技术的培训班或选修课,向学生传授微媒体的基本知识和主要用途,使他们了解微媒体的传播途径和方式,提高对微媒体信息的独立思考、理解和批判性选择的能力,远离不良微媒体环境,并强化学生微媒体使用的道德意识和法治观念;其次,指导和鼓励学生尝试参加微媒体实践活动,提高微媒体使用技能。如:制作微视频、微电影、举办微公益校园活动项目等。

二、打造"微队伍",推进和优化学生管理工作队伍

(一)建立"四位一体"的学生管理工作队伍

"微时代"下,可尝试利用微媒体平台的便捷、快速、易互交的特性建立辅导员、教师、学生干部和家长"四位一体"的学生管理工作队伍。辅导员、教师、学生干部、家长不仅要在学生管理工作中发挥好各自的作用,相互之间还要加强配合、加强交流、优势互补、协调一致,从而实现"1+1+1+1>4"的效果,最大力度地发挥"四位一体"学生工作管理队伍的作用。

1.辅导员方面。辅导员是学生思想政治工作和日常管理的骨干力量,是学生健康成长的指导者和引路人。他们的主要职责是负责学生思想政治教育工作,学生党团、班级工作,学生学业、就业、交友、心理指导咨询工作,学生宿舍管理、奖助困补、安全维稳等工作,在大学校园中与学生接触得最多、关系最为密切,学生对他们的依赖程度比较高。辅导员所带学生比例一般不低于1:200,工作量大,任务较重。"微时代"下,辅导员可以利用微媒体平台提高工作效率,扩大学生受众面,如利用班级微信、微博、QQ等微媒体准确地传达信息,巧妙地描述事件,积极地交流互动,有序地管理引导,以达到更好地服务学生的目的。

2.教师方面。可从已有校园资源入手:一是加强对学生工作管理相关部门如学校学工处、保卫处、招生就业处、后勤处、团委、各(院)系学工办、学院/班级等教师的培训,提升他们使用微媒体的能力,鼓励他们利用微媒体平台开展工作。在具体工作中,他们既要维护好部门或个人的微媒体平台,又要关注和参与到学生媒体平台中去,才能达到较好的管理效果。如通过微博、微信或QQ与学生交流,既能增进师生感情,又能及时了解学生动态;或是利用自己的微媒体平台在学生中传递正能量,引导学生树立正确的"三观";二是专业教师。专业教师也可以通过微博、微信、微课程等学生所喜闻乐见的方式来组织课堂,并积极地与学生在学习上交流互动,甚至可将课堂延伸到课堂之外、课余时间,以增强学生学习的积极性,巩固教学效果。

3.学生干部方面。除了学生会、团总支、社团联合会、青年志愿者等学生组织的学生干部之外,还可以组建一支作风好、纪律强、技术强的学生干部队伍深入学生中间,积极转发传播学校官方信息,及时关注学生中的舆情动态,传递正能量,发挥学生朋辈相互影响的积极作用。如组建学生干部微团队,专门从事微电影、微故事、微公益、微访谈等微素材的制作,并发布到微媒体平台上,以达到教育管理的目的。

4.学生家长方面。随着"微时代"的到来,越来越多的家长也使用微博、微信、QQ等微媒体,这就为教师、学生、家长三方互动、共同关注学生的成长提供了更好的平台。如教师可将学生在校园学习、生活、心理等情况通过微媒体平台向家长反馈,特别是部分重点关注的学生对象,这样家长就不受限于时间、空间,能及时了解学生最新动态。

为了更好地发挥"四位一体"的学生管理工作队伍的作用,学校也可通过开展微媒体培训、社会考察、知名媒体机构交流经验等学习活动加强他们对微时代的认识,鼓励他们提升使用微媒体的技术、能力。

(二)激发学生"意见领袖"的积极引导作用

学生中的"意见领袖"发挥的作用具有两面性,一方面,如果他们在微媒体平台上发布的信息是正能量的、与浏览学生的互动是友好的、对校内事件和热门观点的探讨是积极的,就能引导舆论朝着积极的方向发展,且有利于事情的妥善解决;另一方面,如果他们发布的信息负能量爆棚或是对学校稍有不满就煽风点火引起校园风波,这种消极的舆论导向就给事情的解决造成更大的障碍。高校可尝试培养一批"意见领袖",充分发挥他们的积极引导作用。通过他们在学生中解释、宣传、展开工作,使他们成为学生管理工作的重要力量,以便更好地为学生服务。如:在全国"两会"期间,学生"意见领袖"可以通过微博、微信等平台转发两会期间的热点话题,引导同学们共同关注时事政治,提高同学们热爱祖国、参与社会活动的积极性。总之,学生"意见领袖"在学生工作管理中的积极作用不容小觑,高校可从人才发展的角度出发,充分尊重学生主体地位,多渠道构建培育机制,并形成一个系统科学的培养体系,从而实现以学生管理学生、学生服务学生、学生影响学生的自我发展模式。

三、搭建"微媒体",建立和健全学生管理工作平台

(一)建设微媒体基础设施

"微时代"下,为了使微博、微信等微媒体平台顺利进驻高校并发挥其作用,学校必须建设满足微博、微信等微媒体平台使用的基础设施、硬件环境和软件设备,并且长期管理维护,以保障微媒体平台在校园内的广泛运用。例如,校园 Wi-Fi 覆盖面要广,包括教室、实训室、图书馆、运动场、食堂、学生宿舍等区域。总而言之,就是要以硬件条件为基础、以相应软件程序为补充、以长期维护为支撑,这样才能保障学生管理工作能够运用微媒体平台长期有效地开展。

(二)搭建多元微媒体平台

首先,注册学校的官方微博、微信公众号等平台,构建家庭、学校、企业、社会互相关联的平台,并经常更新动态,保持与外界之间的信息交换;其次,建立各院系、部门的微博、微信等微媒体平台,通过双向互动,倾听学生的意见和建议,不断改进学生工作管理的服务质量;再者,鼓励教师开通个人微博、微信公众号等微媒体平台,并与学生进行互动,为学生学习、生活提供帮助;最后,鼓励学生组织、社团、班级构建自由、民主、文明、守纪的交流平台,进行群体之间的互动和思辨,激发学生学习及工作的活力。此外,搭建学校、部门、教师、学生组织多元微媒体平台后,不能只建不管,还应加强监督、管理、维护,统一协调,相互补充,避免重复,以达到有效利用。

(三)构建精品微媒体平台

"微时代"下,为了更好地发挥微媒体平台在学生管理工作中的作用,还可构建专门的、针对性较强的学生管理工作精品微博、微信公众号平台。例如,注册"校园百事通"微信公众号,并有针对性地以学生管理工作内容来开

发微信公众号的模块。如在"校园百事通"微信公众号中创建《学生教育》《学生管理》《学生服务》等模块菜单。在学生教育模块中设计《党团教育》《理想信念教育》《法治教育》《心理健康》《安全教育》《主题教育》等栏目;在学生管理模块中设计《校纪校规》《奖惩通报》《学生动态》《档案管理》《事务管理》等栏目;在学生服务模块中设计《文件通知》《学习园地》《就业创业》《主题活动》《校园生活》《课表成绩查询》《奖助困补贷》《虚拟社区》《联系我们》等栏目。每个栏目下还可以添加子栏目,如事务管理下开设《宿舍管理》《勤工助学》《请假申请》等栏目。所有栏目中的内容可运用文字、图片、视频、音频等素材,贴近学生、贴近生活,用具有地方特色、学校特色、学生容易接受的语境,引起学生的认同和共鸣,吸引学生注意力,满足学生需求,增加学生关注、点击、阅读、参与、转发、评论的兴趣,使得平台能够受到学生的广泛关注,从而不断提升学生管理工作的服务质量。

(四)强化使用微媒体平台的监督管理机制

"微时代"下,微媒体技术在校园广泛运用,在这种环境下,信息的发布和使用比以往更加自由,且信息的传播在某种程度上处于一种"时间、空间、资讯无障碍"的状态,具有不确定性和难以控制性。另外,由于平台太多,且呈现自发、松散、无序的状态,缺乏统一组织,加上平台之间没有相互协调机制,难以实现有效利用。因此,"微时代"下,系统化的制度建设和科学的监督管理机制的落实显得尤为重要,可尝试采取如下措施。首先,研究制定科学、有效、统一的微媒体运行规章制度,加强对微媒体的有效监管;其次,对校园内多层次的微媒体平台进行监督和引导,并实时检查,从源头上净化过滤不良有害信息,确保学生拥有健康环境,但又要注意留有适当空间,避免挫伤学生参与的积极性;最后,实施线上、线下两手抓的监管机制,结合传统的管理方式,扩大监管的范围。"微时代"下,高校只有与时俱进地研究出科学的微媒体使用管理方法,并建立合理的微媒体使用管理机制,才能营造安全、有序的校园环境,维护校园稳定。

四、开展"微活动",丰富与创新学生管理工作方式

(一)构建"微活动"校园文化,形成润物无声管理特色

大学生十分注重校园文化生活,营造良好的"微活动"校园文化氛围可以调动学生参与活动的积极性。高校学生管理工作者可以尝试将微博、微信等微媒体平台运用于构建校园"微活动"中,并通过"微活动"向大学生传播教育知识信息、弘扬社会主旋律和树立正确的价值观念,以凸显"春风化雨、润物无声"的管理特色,为更好地开展"微时代"下高校学生管理工作奠定基础。首先,可尝试挖掘和培养一批思维活跃、现代意识强、善于策划组织且多才多艺的教师或学生干部队伍,使他们深入学生中间,并能够顺应时代需求,不断增加新的活动形式;其次,加入"微时代""微时尚"元素推广校园文化活动,广泛地吸引大学生积极地参与进来;最后,创新校园文化活动形式,在传统的校园文化活动形式的基础上,举办一些符合"微时代"发展、以"微时代"为主题的校园文化活动,如微电影比赛、微博摄影评比、微商创业活动等。通过开展"微时代"校园文化活动,既丰富了学生的课余生活,又锻炼了学生的人际交往能力,有利于学生积累社会实践经验。

(二)推广"微公益"校园项目,凸显"育人无形"管理效果

"微公益"指的是通过微不足道的小事来进行公益事业的传播,汇微小成巨大,微公益强调积少成多。在"微时代"中,人人都是"微公益"的践行者。在学生中开展"微公益"校园活动项目,既能够帮助一些特殊学生,解决他们的困难,更能弘扬互帮互助精神,增进学生之间的感情,传播正能量,实现"育人无形"的效果。高校举办校园"微公益"活动项目意义深远。校园中的"微公益"不仅仅是一种简单意义上的校园文化活动,更重要的是通过"微公益"活动,培养学生感恩的生活态度,提升学生的社会责任感,升华学生的思想道德品质,以达到"我为人人,人人为我"的人生境界。因此,高校学生管理工作者要了解有关"微公益"的基本知识,并结合工作中的实际情况,经常举办一些适合学生参与的"微公益"校园活动项目,并在学生中积极地宣传。例如,

在学生中发起一月捐献一元的"微公益"校园活动,帮助家境困难、患有严重疾病的同学;向同学们倡议捐出自己用旧了的书籍等学习用品或衣服等生活用品,寄给偏远山区的学生。

第二节 大数据时代高校学生管理工作创新措施

一、大数据时代高校学生管理工作的背景

(一)大数据的内涵和特征

麦肯锡全球研究所报告《大数据:创新、竞争和生产力的下一个前沿》对大数据的含义作了界定,认为大数据是指大小超出了传统数据库软件工具的抓取、存储、管理和分析能力的数据群。我国学者涂子沛认为,大数据是指那些大小已经超出了传统意义上的尺度,一般的软件工具难以捕捉、存储、管理和分析的数据。由此可见,大数据主要是指数据规模巨大的数据库,其主要内涵包括两个方面:一是数据规模之大,达到无法用传统的软件工具来进行提取、存储、管理、分析和应用的程度;二是数据处理技术之新,对如此大规模的数据进行提取、存储、管理、分析和应用需要全新的技术体系来支撑。

大数据以其鲜明的特征展示其巨大的力量,使信息产生和传送的速度、方式、范围都发生了前所未有的变化,对高校学生管理工作也带来了深刻的影响。

(二)一切皆可数据化

根据中国互联网络信息中心(CNNIC)发布的《第51次中国互联网络发展状况统计报告》显示,截至2022年12月,我国互联网的普及率达75.6%,手机网民规模稳步增长。大学生网民的比例很高,几乎所有大学生都会使用互联网上网,在网上学习、交友和购物,网络已经成为大学生的一种生活方式。互联网改变着大学生的学习、工作和生活方式,它所带来的即时性、简洁性、

便捷性适应了现代大学生的心理需求和社会需求。随着智能手机和Wi-Fi网络的进一步普及,大学生使用互联网将更加方便。网络为学生展开了一幅丰富生动的画卷,其中蕴含着无限的可能性,大学生既可以在其中尽情学习海量知识,可以发表看法、发泄情绪,可以享受网络购物的便捷和实惠,还可以方便迅速地与五湖四海的亲朋好友沟通交流。应该说,与学生在面对面的交流中展示的自我相比,大学生在网络上的表现更丰富和真实。在小数据时代,由于数据收集能力和处理技术的局限性,要通过互联网全面了解学生是非常困难的,但在大数据时代,学生的衣食住行、喜怒哀乐、吃喝玩乐等情况都以数据形式存在。在大数据时代,通过互联网和移动终端,可以实时快速完整地收集大学生的各类信息,包括定位、通话、消费、评论等各种数据,通过数据分析和挖掘,可以全面地了解大学生的个性、兴趣、习惯、情感和思想,为开展学生工作打下良好的信息基础。

二、大数据时代高校学生管理工作的理念

面对新时代,高校学生管理工作者应及时树立大数据思维,改变传统的工作理念,为开展大数据时代的高校学生管理工作奠定基础。

(一)理性化决策

高校学生管理工作的主要对象是大学生,作为最具活力、最具潜力的自主个体,大学生的思想、行为和个性是最丰富的。由于思想的无形性和复杂性特征,要了解一个人的思想是比较困难的,以往我们只能依赖于个人的学生工作经验来作出判断。这种传统的主观决策方式和基于经验的学生管理模式会有失偏颇,但在大数据时代,我们可以有效地作出更科学的判断、更加理性化的决策。大数据为我们提供了有关大学生各个方面的信息,是我们作出理性决策的数据依据。"大数据时代已经来临,在商业、经济及其他领域中,决策将日益基于数据和分析而作出,而非基于经验和直觉。"在大数据时代,我们可以通过互联网收集大学生群体的思想、行为特征,通过云计算和分析技术形成对大学生群体思想行为的规律性认识,通过对海量数据的分析实现

科学决策,而不是仅仅凭借主观经验和感受去判断。

(二)精准化预测

预测是大数据的核心,它把数学运算法运用到海量的数据上,从而来预测事情发生的可能性,实现预估的目的。海量数据使我们对事物发展状况的预测成为可能,也使我们对人类行为的预测成为可能。在大数据时代,大学生的行为都被记录保存下来,这些行为数据是相互依存和关联的,通过对大学生行为数据的深度分析和整合,可以找到这些行为之间的联系,发现大学生行为的趋势和可能性,从而对大学生的行为进行预测。通过检测大学生的行为数据,发挥预警机制的作用,我们就能迅速作出反应,提前对学生进行指导和干预。

(三)个性化服务

大数据时代使个性化教育成为可能。通过对学生学习过程的数据跟踪、分析,可以发现学生的学习模式,为其制定个性化教育方案。大数据时代对个性化的关注,将使学生管理工作发生重大改变。以往学生管理工作只能从整体上制定工作方案,忽略学生的差异性和个性化需求。大学生是极具个性的群体,他们注重个性,希望被作为独特的个体来看待。大数据让我们能重新审视学生管理工作,不仅从整体上把握学生管理工作的规律,更注重从个体上来开展具体的工作,促进每个大学生的个性化发展。大数据通过全面、及时、动态地记录每个学生的学习、生活和社交情况,形成对每个学生的准确认识,能准确把握学生的个性和成长需求,从而有针对性地开展思想政治教育、职业生涯规划、心理辅导、综合素质教育,实现对学生的个性化服务。

(四)科学化评价

在以往的高校学生管理工作实践中,无论是对学生的思想评价还是对学生的家庭经济情况评价,都很难采用量化的方法,只能从辅导员、班主任、同学等各种渠道尽可能多地了解情况,从而形成主观性极强的评价,这样难免会存在一定偏差。但通过对大数据的使用,以评价学生的家庭经济状况为例,我们可以通过学生校园卡的消费记录、购物网站的消费记录、手机缴费清单、个人账户的往来记录等清晰地把握学生某一段时间的具体收支情况,从而对其个人经济情况作出准确判断,以此作为判断其家庭经济状况的一个重要依据,避免由于主观分析带来的失误。在对学生的思想状况作出评价时,通过对海量数据的分析,也可以更加准确地把握其思想和行为动态,将反映其思想特征的信息进行数据化处理,从而使量化分析成为可能。在评价学校、二级学院的学生工作时,可以采用定性与定量相结合的方法,将单项评价与综合评价、过程评价与结果评价结合起来。这种定性和定量相结合的方法,将极大地提高学生工作评价的科学性。

三、大数据时代高校学生工作管理的路径

(一)建设一个集成型的学生管理工作数据平台

大数据时代开展高校学生管理工作的基础是数据,只有掌握了大数据才能真正了解大学生的思想行为特点,有效地开展各项教育、管理和服务工作。首先,高校层面要进行顶层设计,建设一个集成型的数据平台。各高校在轰轰烈烈地开展智慧校园建设时,往往是各自为政,只考虑本部门的工作需求,学校内部都很难实现数据共享和整合。学校层面应该设立一个协调部门或数据中心,建立一个集学工部、教务处、后勤处、图书馆等与学生相关的各部门的信息平台,整合所有与学生相关的信息,建设一个系统的在线数据收集平台,形成一个全校范围的学生工作管理数据库,以保证及时全面地收集所有学生的所有数据。同时,各高校还要从整体的角度做好数据分类、分层的收集规划工作,确保数据来源和方式的多样化,确保数据类型的多元化,确保覆盖所有与学生工作相关的因素,确保数据采集的广度、深度和细分度,建立一个数据收集的立体化系统;其次,高校要主动共享社会数据库。大学生的主要活动阵地涉及互联网和移动手机等多个平台,单靠学校内部的数据库无法全面掌握学生的所有情况,而且社会各界的数据收集力量和技术可能更加强大,所以更需要高校突破校园围墙,主动与相关网络媒体、社会组织、政府

部门、其他高校建立协同机制,共享数据资源,动态地把握学生数据,充分借助社会力量,充实高校的学生管理工作信息库。

(二)建设一支复合型的学生管理工作队伍

大数据时代的到来,给高校学生管理工作队伍提出了更高的要求,除了具备以往的素质能力之外,对学生工作管理者的大数据意识和处理信息的能力提出了新的要求。首先,学生管理工作队伍要具备大数据意识。学生管理工作者要充分认识到大数据对改进高校学生管理工作的重要价值和意义,从思想层面重视大数据的采集、整理和分析工作;还要有意识地培养自身对数据信息的敏感性,培养大数据所要求的整体性、混杂性和相关性思维;其次,学生管理工作队伍要具备运用大数据的能力。高校要加强对学生管理工作队伍的培训,学生管理工作者也要积极地融入大数据时代,主动学习大数据所需要的收集、分析和处理技术,提高信息的筛选和甄别能力,提高自己运用大数据的能力。学生管理工作者在具备了大数据的相关能力之后,还要主动将分析的结果运用到学生管理工作的实践之中,提高大数据技术的指导性作用;最后,学生管理工作队伍的建设要有梯队规划。大数据时代既要求学生管理工作者有过硬的学生管理能力,又要求具备大数据的知识和能力,这在短时间内很难做到。为尽快适应大数据时代的要求,高校可以在对现有学生管理工作队伍进行培训的同时,重点建设一支有计算机、互联网专业背景的大数据专业团队,专门负责大学生数据平台的建设、数据采集、分析和整理及相关培训工作。通过梯队建设和不断地培训,建设一支兼具学生管理能力和大数据处理能力的复合型学生管理工作队伍。

(三)建设一批保障型的学生管理工作制度

在享受大数据带给我们的海量信息和高效便捷服务的同时,也要清醒地认识到,大数据的急剧膨胀和数据滥用可能带来的威胁以及由此引发的伦理问题和法律问题。"信息垄断挑战公平,信息披露挑战尊严,结果预判挑战自由。"在大数据面前,我们都是透明人,每一个人的行为都会在网络上留下痕迹,通过数据存储、追踪和分析,我们能非常容易地了解一个人的所有信息,包括极其隐秘的个人信息。大数据的普遍使用有可能暴露学生的隐私,学生的个人信息安全受到挑战。学生的海量个人信息如果不能妥善保存,就有可能被他人利用,使学生受到伤害。因此,无论是大学生数据信息的收集、使用范围还是使用权限,都应该建设相关的制度加以保障。高校学生工作要在确保学生个人信息安全的前提下,有效开展数据挖掘。高校还要建立和完善数据采集、管理、使用和决策的标准化流程,通过制度来规划大数据的管理和使用。高校还可以成立相关部门或组织,监督和指导大数据的采集和管理人员,使其具备较强的安全意识和责任意识,做好信息保密工作。

大数据时代是高校学生工作不可回避的新浪潮和新环境,为学生工作带来了新的机遇。学生工作者应主动强化大数据意识,提高处理大数据的技术能力,利用大数据探索高校学生工作规律,提升高校学生工作的实效性,提高高校的人才培养质量。

第三节 基于柔性管理理念的高校学生管理探析

一、高校学生管理柔性化的内涵及作用

(一)学生管理柔性化的含义

中国高校学生工作呈现出千篇一律的特点,其基本内容也大体相似,基本就是教育上的管理,这一点是大家都基本认可的。"刚柔并济"是高校学生教育和管理工作的基本原则,各校都在实施过程中注重二者的有机结合,学生的在校行为是由校规校纪和各项管理规定限制的。"刚性管理"规定了学生的活动准则以及注意事项,并且为学生们的日常活动提供导向。"柔性管理"则强调在学生的思想和内心上发挥作用,是一种软性的教育管理行为,一般体现在校园文化建设、思想政治教育及品德教育等方面。柔性管理是对于刚

性管理的一种补充,而不是否定,如果只是一味地否定,必将出现管理无力和无序的局面。反之,柔性管理建立在刚性基础之上,属于刚性管理的一种补充和健全,以增强管理工作的适应度,且确保组织更具活力。

就郑其绪先生的柔性管理理论来看,该管理模式对于高校教育管理而言,发挥着不可忽视的作用。如果将学生作为柔性管理的客体,柔性管理必须将学生置于中心地位,根据学校的内在价值观以及校内文化氛围实施人格化管理,充分了解大学生心理和行为规律,非强制性地在学生心目中产生一种潜在的说服力,把社会对于一个学生的期望和要求转换为一种发自内心的、具有自我驱动力的自觉性行为。

(二)学生管理柔性化的作用

柔性管理以教育、感化、引导为主的方法贯穿于学生工作中,将其广泛而又深刻地应用到每个学生的学习、生活和情感中,从而长期地、间接地对学生产生影响。

1.柔性管理对于学生的全面发展举足轻重。培养高素质的人才对于现代社会发展而言是必不可少的条件,大学生未来必将充当社会的骨干力量,必将成为社会的中流砥柱,若要接住历史赋予的社会重担,作为现代大学生,必须使自身素质得到全面提升。柔性教育已经被实践证明,这种管理方法效果显著。通过情感实现对人的教育与感化,以理服人,柔性管理所具有的优势特征是其他的教育方式所难以替代的。所以,柔性管理是学生全面发展、提高对学生教育管理成效的基础保障。

2.在学生的自我教育和自我管理方面,柔性管理的作用十分突出。在学生管理过程中通过柔性教育可以实现对学生逐步地影响与教育。柔性管理通过对学生进行情感转化,之后有效影响学生的行为。受教育者在知识与感情上达成共鸣,在这样的前提下学生才会完成从知识到信念,进而再到行为的转化。

3.柔性管理与刚性管理相比较,其优势是显而易见的。刚性管理的手段主要就是制定各种严格的规章制度,一切遵从学校的规定办事。而柔性管理则从学生角度出发,更具人性化,是更加灵活的管理方式。如果单纯依靠刚性管理,高校学生管理将会十分僵化、刻板,缺乏生气。柔性管理则是在规章制度执行中将"情"字贯穿到底,在管理工作的各方面体现学校的精神文明建设,让学生在浓郁的校园文化氛围中潜移默化被感染和改变,成为真正优秀的社会主义接班人。

二、高校学生管理柔性化的现实可行性

(一)柔性管理与高校学生管理具有契合性

我国的教育管理者大多有着柔性管理的思想。比如,中国古代的大教育家孔子说过用"德"来治理人,用刑法去纠正人,人民很快就会变得有羞耻心,而且他还觉得学生不管学习怎样,但必须要有一个正确的道德观念,而且不赞同频繁地使用刑罚来督促管理学生。孟子对孔子的这种理念有过高度的评价。柔性教育管理思想在教育管理过程中运用很多,但凡存在教育管理的地方,都可把柔性思想引入其管理中。

相对于学生的工作而言,教育管理与柔性管理的定义是不同的,但把柔性管理这一比较现代化的管理方法运用到教学管理中的原因就是,从根本上来讲,它们之间有着很多相同的地方:第一点就是研究人思想和行为上的规律;第二点就是使用一些"以理服人"之类的可以用情感去感化学生的方法进行管理。柔性管理的主旨就是以人为本,这种思想的核心就是在管理过程中要以人为中心,把人的权利作为最根本的出发点,重点对人的主观能动性进行强调,尽量做到人的合理发展。在这里,管理的起点就是人,终点也是人,要在理解和关心的基础上去发展人的潜能,进而把学生创造性的能力发展起来。而目前高校教育管理理念是以学生为中心,鼓励学生自学,逼出其潜在能力,并且积极地探索新的管理方式,只有这样才能使柔性管理在高等教育中实现。对于学生工作来说,它的根本特性和柔性管理的特性具有很高相似性。相对刚性管理来讲,有着质、量、方法和效果上的明显不同,这种不同的特性和学生工作比较契合。大学生作为学校工作的对象,他们是有着生命的

人,他们有着较为活跃的思想和较强的创新意识,其发展正在比较重要的阶段,他们的潜力容易受到影响,因此具有很大的不确定性,而他们的心理和行为与现实的不一致又存在确定性,这跟柔性管理特性极其吻合;大多数高校学生有着较为复杂的灵魂,对于那些容易的重复式的线性管理形式他们根本不可能也不想去接受,这种思想是跟柔性管理的无定性的方式具有较强的统一性;教师的学识和人格魅力直接影响着他们在管理过程中的管理地位,位置和权利对他们的地位影响不大,老师和学生之间产生感情、在思想上碰撞出的火花是对学生最好的管理,这也是柔性管理方式中感性方面具体的体现;学生工作的根本就是"树人"的过程,这种管理结果不仅时效性好,同时还体现出了刚性管理的相对滞后性。

通过上面分析可知,通过把柔性管理放入学生工作中去,改善和拓宽其管理体制,对现代教育管理的发展有着比较重要的影响力。

(二)柔性管理符合现代高等教育的理念

邓小平说过,发展才是硬道理。我们在策划所用的活动时都应该考虑到这一点,所有活动的发展,最终来说都体现在人的发展上,这也体现了党中央提出的发展的目的就是人民生活更好的价值追求,这一观念是把人作为发展的起点,树立全面、协调、可持续的发展观。就教育来说,就是要以学生的发展为本,以学生的发展为出发点和落脚点,一切为了学生,一切服务于学生,使德、智、体、美全面发展。现代高等教育观念以发展人、培育人作为最终目的。[①]

所以,如果只是为了满足社会的需求的教育,这种教育在思想和意识上都是不够成熟的。现代教育观念适应了社会发展和进步,在满足人的物质需要的同时,重视和关注人本身非物质世界的精神和人格养成。

满足人的发展需要是目前教育管理的根本目的,不仅对人的发展的特性进行了综合的考虑,还考虑到了生命的意义,并施以适合人的生理和心理的

①范文彬.从科学取向到人文取向——探讨高校学生管理理念[J].教育观察,2022,11(4):20—23.

教育管理模式。如果高等教育想要发展到义务教育的阶段,就必须要使人的发展需要得到满足,把教育的实质和宗旨表现出来。柔性管理的宗旨是人本思想,它在中国教育中最根本的发展和前进方向是:中国的高等教育一定要做到以人生的价值为教育的最终目标,以学生的全面发展作为教育的基本起点,对他们的心理规律进行尊重,对他们的生理规律进行遵循,使他们的人格和权利得到尊重,当他们遇到不顺心的事时,要加以关心,对于他们的缺点和弱点要予以理解,对他们的独立和自主的意识要表示鼓励和支持。现代高等教育就是以这个宗旨为基础,对以人为本的柔性思维进行确立,最终这种柔性的管理可以对学生的全面、协调、可持续发展进行有效的促进。

三、关于高校学生工作管理柔性化的系统思考

(一)确立柔性化管理的理念

1.科学发展。学生工作柔性化的管理理念的出发点是学生,能够把学生培养成才才是最为重要的。只有将科学发展观和深化改革的思想融入学生工作柔性化的管理理念中,才能发挥柔性化管理的价值,真正人性化管理学生,塑造具有创新思维和创造能力的人才。

2.以学生为本。当今的教育要以学生为主体,让学生主动发展,而不是被动发展。要尊重学生的主体地位,积极展现学生的创造性、主观能动性,让学生能够积极主动地、有创造性地学习,具有独立思考的能力。只有以学生为本,视他们为教育、教学、管理的主体,尊重他们的主体性,学生工作的柔性化才能得以实施。

3.民主平等。民主平等要求高校学生管理工作者在日常管理中重视平等的原则,并且积极鼓励学生主动参与基本的管理决策,培养学生的民主平等意识。民主平等的观念是学生发展的内在需要,是落实学生主体地位的保证。在教育管理过程中要坚持以理服人、发扬民主、尊重平等。另外,管理者的自身素质也必须得到提升。只有树立民主观念,充分调动学生参与,才能更加积极地发挥学生的主体性。只有每一个管理人员积极为学生创造平等

民主的氛围,发挥学生的主体性,才能切实地做好学生管理工作;同时能使学生畅所欲言,发挥学生群体智慧,培养学生合作精神,培养具有创新思维和创造能力的人才。

4.温情关怀。在学生管理工作中,努力创设"以情感人,以语化人"的氛围,积极对学生进行心理辅导,让学生正确认识现实的社会,并给予他们足够的帮助,让学生感知人文关怀、感受学校的温暖,鼓励学生积极主动提高自身竞争力,提高自信心,形成正确的人生观和价值观。

(二)坚持学生管理工作柔性化的基本原则

1.心理重于物理、内在重于外在的原则。大学生的行为管理根据具体手段的不同,大致可以分为两个方面。首先是大学生行为的外在管理。大学生行为的外在管理包括许多方面,其中最主要的是校纪校规管理。为了更好地管理学生,许多学校制定了具有针对性的校级规章来约束学生的行为。但很多情况下,这种强制性手段仅仅是对大学生行为的一种约束,并不能产生实质性的效果。为了更好地完成学生管理工作,必须采用另一种管理手段,那就是学生的内在管理。内在管理注重学生的自我接纳,通过一定的手段,让学校的管理要求变成学生的自觉行为。常用的内在管理手段有很多,其中最主要的一种是激励。通过适当的激励,让学生养成自觉行为,有更好的自我管理意识。相较于外在管理,内在管理更持久,效果更明显,可以达到更好的学生管理效果,这将有利于学校学生管理工作的开展。

2.个体重于群体、直接重于间接的原则。现阶段,学校制定的校纪校规、评奖评优政策,一般都是站在大众化的角度,它们所反映的是大部分人的价值观,但却没有考虑到个体的差异性。人作为会思考的动物,每个人都因为接触的事物不同,而形成不同的性格、价值观、人生观,所以需要区别对待,不应该简单地同等对待。现阶段的大学生由于来自不同的地区,接受不同的文化,自然存在个体差异,而且他们更加敏感,所以更需要区别对待。

我们所讲的直接重于间接实际上是针对柔性管理来讲的,它属于一种管理方式,在一定程度上,个体重于群体是与它共同存在并相互作用的。我们所讲的间接管理,实质就是管理层运用媒体来进行宣传教育。但是,从某种意义上来讲,间接方式不具有针对性也不够深入,如果用来管理大学生,就很难对他们区别对待。直接管理的显著特点就是为管理人员和被管理者提供了面对面交流的平台,也关注双方思想和情感的碰撞,因而能深入学生群体,精准把握,进而实现预见、发现并及时化解矛盾,防止矛盾被激化。

3.务实重于务虚、肯定重于否定的原则。很多人有这样的想法:政治工作的实质都是虚的,是务虚方面的工作,因此于大学生而言,开展有关思想政治方面的工作都是不真实的。针对这种现象的解决办法:第一,要务虚,也就是做好相应的调研工作,然后根据所做的调研制定出相应的方案;第二,则是务实,积极通过实践去解决所发现的问题,这就是务实。务虚是我们必须要重视的,但实际上大学生通常更注重务实,可通过成功务实来验证务虚是正确的。

就事实而言,否定显然没有肯定重要。由于人都会有行为潜伏状态,实际上心与言、言与行通常具有不一致性。大学生所处的年龄阶段,使他们在心理以及生理这两方面言行不一的特征非常显著。但是他们只是想完成自己的学业、有好的人缘以及获得他人的认可或者是嘉奖,也就是想得到社会的肯定。所以,教师进行学生评价时,一方面,要注意肯定学生的成绩,在明确是非观的同时增加他们的信心;另一方面,要指出学生的不足之处,但是要以合适的方式讲,让学生去思考并接受教导。所以,辅导员或是班主任要及时鼓励那些有进步的学生,以此来增强学生的自信心以及提高他们的积极性。

4.执教重于执纪、身教重于言教的原则。如今的大学普遍推行了学生自我教育、自我管理以及自我服务的教育方针,实际上这是充分利用了柔性管理的方法。执教方式有很多种,言传身教、榜样树立、舆论宣传、私下谈心等。通过执教,可以更深层次地完成对大学生内心情感的培养、意志品质的锻炼和行为的改变,最终实现知、情、意、行的有机结合。这就要求管理者要有责任感,要有四心——耐心、爱心、细心、关心,以自觉性的启发为基础,并非靠纪律来约束。

对大学生的教育而言,在实践工作中被广泛运用的是言教,实际上取得最好效果的是管理者的身教。在教育实践过程中,身教不受时间、地点的限制,随时随地都可以宣传,用行为来教导人,这样的教育是行之有效的。在柔性管理过程中,以身作则的作用是无可替代的,从某种意义上来讲,身教重于言教。"亲其师,信其道,循其步",这才是教育的最高境界。

(三)明确学生管理工作柔性化的实践内容

柔性管理涉及的内容可谓是多方面的,主要有心理、行为、环境、形象等各方面的管理,学生管理工作应从这里切入。

1.实践中的心理管理。柔性管理有效性主要是靠心灵互动实现的,教师和大学生之间如果要建立感情,那么相互理解以及相互尊重是前提;以人格魅力和真诚打动学生是重点。心灵互动有利于师生在情感上产生共鸣;因为身临其境,所以才能体会被理解、被感激、被鼓舞的心情,进而推动工作、学习的前进。对于心理管理而言,在实际中,通常是运用情感教育、激励尊重、心理沟通以及舆论宣传等方式,强调的是润物细无声的教育方法,以对学生产生深远的影响,进而转化成学生自觉行为。

2.实践中的行为管理。对于柔性管理而言,行为管理指的是目标的可选择性。这一管理的重点是进行行为结果的衡量,看最大潜力是否与结果相匹配,是否达到学校的最低标准。对整个管理工作来讲,过程与目标并没有什么直接联系,过程有可能实现管理目标,但是也可能造成目标背离。教学过程中,如果管理过于细节化或严格化,可能产生负面影响,造成学生的逆反心理或是逆反行为。除此之外,管理应注意方向性和可行性。所谓的方向性实则是结果,也就是我们所讲的奋斗方向,也可以说是未来的目标。如果没有明确的目标或者是方向不正确,从某种意义上来讲,不仅不能实现目标,甚至会让人们误入歧途。所谓的目标可行性,指的是恰如其分的目标,过高或是过低的目标都是不可取的,应该实事求是。另外,目标体系必须要完善,这是实现目标的前提。管理应该在总目标指挥下进行,将目标进行细化,并落到实处。所以,进行行为管理目标制定的时候,总目标应该以学生目标为组成要素,将两者的利益相结合。总而言之,只要是学生完成了自身目标,那么学校的教育管理总目标也就真正实现了。

3.实践中的环境管理。事实上管理也就是环境的维持,让群体在良好的环境中高效完成计划。从某种意义上来讲,主要是进行心理环境优化。教师的职责,就是要进行心理环境探讨,把握好学生的心理以及行为环境,使用科学的管理方式,进而实现学生心理氛围的优化建设,实现高效管理。心理环境是动态发展的,会因客观环境变化而改变,由此新心理环境产生了,进而导致新行为的产生。因此,要关注学生心理状况并展开成因分析,通过控制状态改变学生行为方式。

4.实践中的形象管理。在教育过程中,形象管理的含义是教育管理人员需要凭借自己的人格以及专业能力对学生形成典范和约束效果,从而达到教育的目的。在对现代大学生进行具体教育的时候,更多的是采用言教,而事实表明身教的效果更好。改革开放总设计师邓小平曾讲:"搞精神文明建设,最主要的是以身作则。"不管在什么时候、什么情况下,身教通过行为引导的方式进行启蒙教育的效果是非常好的,然而这也只是实现了初级阶段的教育。教师若以身作则,就会对学生产生非常重要的影响。然而,要达到身教最理想的状态,教师必须要提高自身综合能力,不断提高自身的影响力,努力培养自身较强的思想道德素质、高尚的职业道德素质,加强自身的专业知识水平,在大学生中树立一定的威信。与此同时,教师还要时刻警醒自己,不要出现损害自身教师形象的事,如具体管理过程中的决策失当、不稳重、行为随意,自身道德品质方面的媚上鄙下,文化学识上的弄虚作假、空谈虚伪等。

第四节 基于人本化取向的高校学生管理制度创新

一、高校学生管理的人本化取向

第一，与行政化管理的"官本位"取向相比，人本化学生管理最大的特点是充分尊重学生的主体地位，把学生的发展放在第一位，尊重学生在个性发展方面的差异性，使用多样化的教育方法，用权变管理模式促进高校学生的全面发展。传统的高校学生管理模式直接套用了行政机构管理模式，高校学生管理以各级管理者为中心，对学生采取一种层级制管理，管理上的行政权威高于一切。而人本化主张采取权变管理，就是管理取决于环境的状况。在学生管理过程中尊重每个学生的差异，根据学生性格特点、价值追求、成长环境等内在环境和外在环境的差异。提出不同的成长目标，管理理念和方法，激励他们在不同的位置不断前进，特别是在管理制度的制定上充分体现对个性差异的尊重和适应。

第二，与行政化管理的"刚性驱使"取向相比，人本化学生管理是一种人性化的管理，主张通过激励理论，让学生获得心理上的满足，激发学生的主动性和创造性。强制性是传统的高校学生管理模式的主要特征，采取强制要求、惩戒的方法，达到对学生统一规范化管理的目的，但是却没有重视学生追求个性化发展的需求和主观能动性的体现，进一步激化了管理者和学生之间的矛盾，人本思想在高校学生管理中的应用，具有其鲜明的理论内涵，也就是说在学生管理过程中，尽量满足学生的渴望，使他们得到鼓励、尊重，从内心帮助学生产生积极的动机。

第三，与行政化管理的"集中管理"取向相比，人本化学生管理强调充分发扬民主，最大限度地让学生参与管理，充分发挥学生在自我管理方面的主观能动性。传统的高校学生管理权利往往掌握在少数管理者手里，无论是管理制度内容的制定还是具体管理制度的实施，学生总是处于一个被动的地位,个别的学生组织也是在管理者的意志下进行少数人的"民主",人本化学生管理特别注重在管理中充分发扬民主精神,将学生的管理身份和被管理身份有机地结合起来,充分发挥学生的主观能动性,改变传统的被动管理为学生的自我管理,其中关键是要建立起一支学生自我管理团队,把对学生个性需求的尊重和满足体现在管理实践的具体环节,改变学生的从属地位,把这种民主真正落实在管理的末梢,最终实现学生的自我管理。

第四,与科学化管理的"精确"取向相比学生的人本化管理主张通过有效沟通的方式,缓解管理过程中的矛盾,营造良好的人际氛围,实现管理与被管理的共同发展。科学化的管理模式最重要的取向就是把管理的人、物、财等以科学的表达方式进行衡量,对要素进行量化,既在整体的系统中实现有效管理,又在对每个要素的具体掌握中实现有效管理,人本化高校学生管理倾向于把正式沟通和非正式沟通作为实现学生有效管理的重要环节和方法。正式沟通分为三个方面,包括上行沟通、下行沟通和平行沟通。上行沟通指的是学生通过报告或者建议的方式表达对管理问题的思考和自我的个性诉求,这种沟通是管理反馈机制的基础,也可以帮助学生得到适当的心理释放。下行沟通是从管理者到学生的一种沟通方式,这种沟通能够保证学生管理工作沿着正确的途径和方向科学地发展。平行沟通指的是学生之间的沟通,这种沟通是最常见的,可以很好地帮助学生释放压力、平稳情绪,但是由于这种沟通缺乏引导,因此也是最不稳定的一种沟通。非正式沟通是最让学生喜爱的一种管理者和学生之间的沟通方式,通过宿舍间走访、共同参与教育教学活动等,消除管理者和学生之间的心理隔阂,拉近彼此之间的距离。人本化学生管理就是要充分发挥正式、非正式沟通的作用机制,减少刚性管理制度带来的负面效果。

第五,与科学化管理的"合理"取向相比,人本化取向的学生管理方式更加注重文化对学生思想和道德方面的引导塑造,努力培养大学生以人文精神和科学精神相结合的群体意识来促使学生在思想上取得进步。以科学化为取向的高校学生管理在其管理理念和制度当中都凸显出合理的特点,即管理规定的制定和管理实践的全过程必须符合实际情况,符合发展规律,以一种科研式的思维和态度对待学生管理,不同程度地忽略了人的世界观对学生高校活动产生的影响。与科学化管理相比人本化的高校学生管理把培养学生的价值观作为核心任务之一,把"德治"作为思想的根本,用道德的力量代替制度上的强制力,特别是要在丰富高校文化载体方面下功夫,充分发挥文化在学生管理工作中的正面效能,用优良的文化传统和先进的思想理念来使学生的观念得到升华,创造出一种良好的校园文化氛围。

二、高校学生管理人本化取向的必然性

高校学生在高校管理客体诸多要素中起主体性作用。高校学生管理课题包含人的要素、科学与技术要素、信息要素、时间要素、空间要素、观念要素等。高校学生作为最庞大也是唯一区别于其他要素的客体,是管理客体诸多要素中最活跃的、起决定性作用的要素。首先,高校学生是其他管理客体诸多要素存在的前提,如果失去了学生这个客体的存在,高校学生管理实践本身就失去了意义,其他管理客体就没有了存在的价值;其次,其他管理客体要素作用的发挥取决于学生这个要素。高校学生和其他管理客体要素接受管理者的管理,同时,除学生以外的管理客体要素又服务于学生这个要素,这些要素能够发挥价值的大小受学生这个要素的直接影响;最后,虽然学生这个要素受到其他要素的制约,但是作为唯一一个具有能动性的要素,学生这个要素却能突破其他诸多要素的制约。因此,高校学生管理,只有把学生的要素作为根本,把人本思想融入管理的全过程,才能实现整个管理要素发挥最大效能、实现协调发展。

(一)是适应当代大学生思想特点和促进其全面发展的客观需要

高校学生管理的直接目的是使学生在学校的学习和生活具有高度的统一和规范,管理的主要目标是要实现学生各方面素质的全面发展,这也是高校"培养"人这个核心任务决定的,就是要在实现教育资源合理分配的前提下,满足学生物质和心理上的基本需求,使其个性化发展得到不断满足。作

为社会上思想最为活跃的群体之一,不同特点、不同成长背景的学生共同体现着时代的特点和未来发展的趋势。因此,在高校学生的管理上,必须适应当今高校学生日趋多元化的思想观念、价值取向、行为方式和生活态度等,随着改革开放不断深入,学生面对不同思潮的冲击,在群体意识方面日益复杂,甚至在内部产生剧烈的冲击,特别是面对巨大的就业压力,大学生民主意识不断提高,对自身权益关注得也越来越多。从现实情况反映出现在的高校学生不再是曾经绝对服从政治需要、扼杀自我需求的群体,他们的公平、民主意识空前强大。在目前高校学生培养管理上,出现了不同程度注重大学生的知识学习,忽视了大学生的思想道德教育培养的情况。具有良好的思想道德素质是人本化学生管理的题中之义,也是学生全面、健康发展的必要条件。人本化高校学生管理呼吁高校从文化层面出发,大学生能够自觉正确认知自我,完善自身的道德修养,实现自身的人生价值。

(二)是适应高校组织改革发展的现实要求

在高校"去行政化"的大背景下,学生作为高校组织的核心群体,意识的觉醒和社会环境的发展,迫使高校学生管理改革势在必行。长期以来,我国高校的学生管理的核心是行政管理制度,而不是作为主体的学生,大部分高校为了寻求更多的合法性支持,在学生的管理上出现了服务政治的偏向,搞好了形象工程,扼杀了学生的个性需求,以强制性为主要手段的传统说教和管教这两种套用行政机构模式的管理方式日益显现出弊端,特别是传统管理制度中的奖惩制度,难以适应现代人才培养的要求。

(三)是繁荣高校组织文化的必要途径

人本化学生管理不仅可以为高校学生的自由、全面发展提供一个宽松的制度环境,而且能为高校文化的发展产生巨大的推动作用。人本化学生管理理论认为学生才是最大的资源,这种和谐的管理模式通过调节高校内部和社会之间的关系,能够更好地营造出一种和谐的校园文化氛围,使得学生、教师和学校取得全面、协调、可持续发展。人本化管理本身的管理特性就是对学生的尊重和对学生潜能的最大程度挖掘,调动学生参与校园文化建设的积极性,这是校园文化大繁荣、大发展的基本前提。

三、高校学生管理人本化取向制度创新的路径选择

(一)坚持"以生为本"的管理理念

构建人本化高校学生管理制度,转变传统的高校学生管理思维,树立"以生为本"的管理理念,实现学生的全面发展是现代高校教育的出发点和落脚点,构建人本化管理制度是做好高校学生管理的基础和有效途径。"以生为本"的理念是人本化管理理念的题中之义,以学生为本应以满足学生需求、促进学生发展、实现学生价值为基础。做到以学生为先,把学生的培养放在高校一切工作的首要;以学生为重,不能因为突出科研工作、国际交流、教学质量等忽视学生管理工作;以学生为主,不仅充分尊重学生的主体地位,而且要在管理中以学生为主,让学生自我教育、自我服务;以学生为荣,把培养高素质的学生和学生取得的荣誉看作各项工作最大的成绩。随着教育的发展、管理制度的改革,高校学生管理的出发点更是要把学生的根本利益和发展放在首要位置,真正将以人为本的科学发展观运用到具体的教育管理实践之中。

1.坚持"以生为本",构建生本位思维。长期以来,在高校学生管理工作中,管理者和学生这两个主体之间处于一种不平等的地位,高校往往把学生管理工作宏观地看成高校工作的一个环节,从学校利益衡量学生的管理。相比之下忽略了学生主体的需求,严重束缚了学生的自我意识、独立意识和主人翁的意识。"以生为本"的管理理念,要求学生管理工作者打破传统的"以师为本"或者"以校为本"的管理理念,充分认清"我是谁""管理依靠谁""管理为了谁",从学生管理工作的实际、学生这个核心群体的实际出发,考虑主体的根本需要,针对学生的特点,尊重学生的权利,侧重发挥管理者的激励引导作用,特别是在保护学生合法权利上,不能以片面的集体主义牺牲学生的合法权利,提高对每个学生个体的重视程度,使学生获得全面个性的可持续发展,使国家与学校的人才培养目标和学生的成长需求相结合,并得到真正的统一。

2.坚持"以生为本",突显管理型服务。现代高校管理理念普遍认为对学生的管理实际上都是为学生的成长和发展而服务的。学生在发展的过程中需要什么样的管理,高校就应当把这种管理作为一种服务提供给学生,而不是把这种管理当作一种资本凌驾于学生之上。这种服务型管理把管理学生、教育学生和服务学生三者有机结合起来,特别是要突显管理服务于学生的理念。在管理制度建设、规章制度的制定上、管理者的管理实践和实施上都要摆正自己的位置,树立管理服务而不是服务管理的意识。彻底改变过去片面强调学生对整体社会的价值义务,把学生的主体价值放在社会整体价值之内充分满足学生的生存和发展需求,促进学生个人价值实现和集体价值实现的有机统一。这既是现代教育的发展趋势,也是新形势下实现管理型服务的现实需求。

3.坚持"以生为本",彰显个性化发展。由于内外环境的多样化,每个学生必然存在着不同程度的差异,并且这种差异很难随着主观意志的转移而转移。"以生为本"就是要承认并尊重学生的个体差别和个性差异,顺应学生身心发展规律,因人而异,因材施教"[①]。高校大学生都是具有独立思考能力的个体,是充满朝气和活力的,同时这个群体也引起社会各界的高度重视,寄予厚望,因此在尊重学生个性差异的基础上,还要从整个国家和民族的高度对学生进行引导、规范和管理。从学生个人的内外成长环境上看,学生在个人认知和性格特点上都存在着差异,因此在注重学生差异化的基础上,还要对学生个人的成长道路、思想道德等进行有针对性的引导。在学习和生活当中需要让每个人的思想都能在这个群体中闪光,且不强调大家的思想高度一致,强调思想 致对 一个大学的管理是非常不利的,完全不同的甚至对立的思想互相碰撞,这样的大学才是一个有创新机制的大学。

(二)更新优化学生管理制度体系

1.更新学生管理制度体系建设理念。

(1)融入文化管理机制:在高校学生管理的实践中,全面提高学生的自我

---

①郭一珂.以学生为本的高校学生工作理念分析[J].学园,2016,212(7):26+31.

约束能力和理性自主能力是高校管理发展永恒的追求。"人类的基本行为是由文化来决定的,由于文化的变化很大,所以对人性唯一正确的判断是它的可塑性很大。"人与文化的关系是密不可分的,文化可以塑造人、引导人、管理人。高校人本化学生管理就是要突出学生在学习和生活中的主动性、主体性和自觉意识,高校管理文化不仅包含育人理念、学术发展空间、办学特色等要素,也包含管理人员所形成的管理文化,每一种文化的形成都是多种文化主体互相协调、作用而成的,高校人本化学生管理最重要的目的是唤起学生的文化自觉性,用优秀的文化潜移默化地影响学生的行为,最终形成文化管理,这里的文化是指"内化于心的价值观念和行为规范,文化的管理体现在一种精神激励和价值的遵从,文化管理就是'文而化之'的过程,是一种'无为而治'的管理"。以文化来取代制度,当然不是取消制度,而是制度要人文化,具有人文色彩,充满以人为本的文化温情。因此,高校学生管理制度应该与人文精神、价值观念、行为准则和道德规范融为一体,得到学生对高校的管理理念和管理价值取向的高度认同,提升学生的使命感、责任感与荣誉感,增强学生对学校文化的向心力和凝聚力。刚性的制度管理为文化管理起到了重要的保障和支撑,文化管理使制度管理得到升华,文化管理充分体现了高校作为文化机构管理的科学化、人本化。

(2)建立制度反馈机制:及时做好学生意见的处理工作,是新时期制度改革所面临的重要任务。高校要建立健全有效的学生制度反馈机制,在信息交互和反馈的过程中,学生意见的反馈和解释直接关系到制度的合理性,执行力与落实情况。学生与管理者之间可以相互表达自己的想法、倾听他人的意见,有利于达成共识并形成共同的愿景。学校首先应该设立学生管理制度反馈部门,收集学生对学校管理制度的意见,高校各职能部门将收集的信息进行分析整理,研究并制定改革方案。同时要做到反馈及时化、经常化、规范化。学校有权向学生公开学校工作计划,进程等相关内容,学生应享有对高校各个职能部门的监督权,确保高校管理制度民主化、规范化。高校要以人本化的角度对学生权利制度进行完善和重构。

2.优化学生管理制度体系的实现途径。

（1）推进政校分开、管办分离：将现代学校制度的实施进一步引向深入，积极探索适应我国高校实情和学生发展的管理制度，从宏观的角度上，要努力构建政府、学校、社会之间的新型关系。克服行政化倾向，改变当前中国高校的隶属关系，把高校从国家的行政体制中脱离出来，取消实际存在的行政级别和行政化管理模式。

（2）落实和扩大学校的办学自主权：围绕《高等教育法》规定的七个方面的办学自主权，转变职能和改变隶属关系为重点，加强高校在办学方面的选择。具体来说，"要自主开展教学活动、科学研究、技术开发和社会服务，自主设置和调整学科、专业，自主制定学校的规划并组织实施，自主设置教学、科研、行政管理机构，自主确定学校内部收入分配，自主管理和使用人才，自主管理和使用学校财产和经费"。同时要大力支持高校开展国际交流合作，提高国际化水平。

（3）完善学校内部治理结构：完善党委领导下的校长负责制，形成科学有效的决策方式。"完善大学校长选拔任用办法；发挥学术委员会在学科建设、学术评价、学术发展中的重要作用。探索教授治校的有效途径"；加强教职工代表大会、学生代表大会建设，激发学生参与管理的内在动力，发挥群众团体的作用，积极借助社会力量加强学校的学生管理。

（4）加强大学章程建设：教育主管部门要积极落实对大学章程的审批工作。及时出台相应的大学章程报送审批制度，制定各类学校的办学标准或按学校类别出台不同类型学校的章程样稿。"多种形式宣传大学章程的价值和相关理论知识，提高相关主体对大学章程的认识和建设大学章程的自觉性。"学生管理的相关主体也要通过多种形式加强对大学章程的认识。

（5）扩大校企合作：探索建立高等学校理事会或董事会，健全社会支持和监督学校发展的长效机制。一个是在学校建设的物质投入方面和项目研发上，加强和企业合作，促进知识的价值实现，另一个是在人才输送和学生就业方面，通过和企业的合作，帮助学生树立正确的目标和价值观念。

（6）推进专业评价：鼓励专门机构和社会中介机构对高等学校学科、专业、课程等水平和质量进行评估，通过定量、定性的指标和不确定性指标的综合衡量，包括学生和家长的满意程度，学生的就业、发展情况，形成有中国特色的学校评价模式。

（三）发挥学生在管理制度建设中的主体作用

发挥高校学生在管理制度建设中的主体作用既符合高校学生管理特征的现实需要，也是推进高校学生管理制度确实服务学生发展的必由之路。传统的高校学生管理制度建设无论参与者还是制度本身的理念、内容，更多体现着校方意志和管理需要。随着现代高校管理理念被普遍接受和高校学生群体的自主性不断增强，传统的由管理者主导的制度建设越来越难以适应管理的现实需要。当前，高校学生管理必须根据新时期大学生的年龄特征和心理特征，充分调动和激励学生的内在积极性、主动性和创造性，确立大学生在自身管理中的主体地位，发挥大学生在管理制度建设中的主体作用。"以生为本"的管理理念在制度建设中体现就是要尊重学生的主体地位，尊重学生的主体地位首要的就是承认学生的主体价值，学生作为社会上的人，除了要致力于实现社会的整体价值，作为成长的青年学生还要实现自我的价值，这种自我价值通常表现为对其自身生存和发展需求的满足，以及对学生人权的尊重等。因此，在管理制度建设中，要充分认清并尊重这样的现实状况，不能像过去那样片面放大集体价值的实现，过分抵制高校学生的自我价值实现，要在制度建设上尊重学生的主体地位，首要的就是要反映高校学生价值的实现。

首先应该推进依法治国在高校学生管理领域的落实，从法律上确定高校学生参与学生管理制度制定的权利，特别是让高校学生在涉及切身利益、敏感问题，如收费、处分等方面有充分的参与权和自由的发言权；其次是实现学生自主化管理，有效地减少管理主体和客体之间的冲突。陶行知先生说过"最好的教育是教育学生自己做好自己的先生"，最主要的是要在制度的内容上，多给予高校学生自主管理的权限范围，确实把学生看作一个可以信赖的、能动的主体,在尊重学生意愿的基础上,实现学生的自我管理和自我发展;最后还应当依靠学生构建制度建设的矫正机制。实践是检验真理的唯一标准,人本化高校学生管理制度建设中,必须在管理实践中不断发挥学生的主体作用,及时收集反馈制度建设存在的不足,坚持以学生的发展作为出发点。学生主体也应当在矫正机制中起到主要作用。

当前,高校在学生管理过程中最重要的任务就是要增强其管理服务意识,传统的高校学生管理制度的影响还长期存在,要真正体现学生的主体意识还要彻底解放思想,要从传统的社会价值向注重学生的全面发展转变。增强学生自我管理的意识,实现学生地位由传统的管理客体向管理主体转变。特别是在制度建设中充分地唤醒学生的主体意识,激发他们的积极性和创造性。

(四)完善大学生的维权机制

由于高校学生的利益纠纷往往局限在校内,因此高校学生的维权机制也应当立足于校内。在高校学生维权机制的构建中虽然各个要素的地位和作用不同,但是整个机制运行过程中,每个要素之间存在着非常紧密的联系,每个要素都体现着整个维权机制的综合作用和功能,都是为了最大限度地保护高校学生的合法权益。

1.高校要明确大学生维权机制的主体。进一步明确高校学生的权益由谁来维护,最要紧的就是要明确高校学生在高校中的地位,以及学生和高校之间的关系。高校应当主动承担维护学生合法权益的义务,不能像管理企业、教师、军人那样去管理高校学生,也不能把学生作为社会中的一般群体对待,更不能忽视、小视高校学生的任何一项权益。作为学生管理者,不能把学生的管理当作简单的一种制度维护,必须时刻记住自己是学生的服务者,是学生权益维护的第一责任人,高校的各个部门对学生的权益都有保护的义务,特别是不能因为学校的利益忽视学生的利益,为了部门利益侵犯学生的利益。学生是权利的主体也是维护自身权利的维护者之一,既要明确、正确对待自己的权利和义务,不能容许权益被侵害,也不能因为维护自己的权益侵害学校或者其他学生的合法权益。

2.需要建立维权制度。高校学生维权制度的建立是完善高校学生维权机制的关键。只有建立维权的相关制度,高校学生的维权工作才有依据,才能有根本的保障,才能长期坚持下去。从现实上看,目前大学生的维权仅仅停留在学生代表会、校长信箱之类的反馈上,在维权制度建设上基本处于空白,大学生维权制度建立的迫切性远远超过其他群体的维权制度。我国高校应当参考国外高校做法,在坚持完善原有管理内容的基础上,建立学生参与高校管理制度,让学生作为一个独立的群体参与高校各项规章的制定,特别是在涉及学生相关利益的问题上,保证学生的全过程参与。建立监督制度,赋予学生权利来监督高校方方面面的建设,必要时应当建立社会媒体监督高校的渠道。特别是在高校处分学生的时候,让学生充分介入。此外,还应当建立相关的保护性、援助制度。保证学生在接受处理的过程中有依据为自己辩护,有地方为自己寻求帮助。

3.要建立维权的传感体系。信息之间的有效传递是维护高校学生利益重要保障。不但能在侵犯学生利益的行为发生时采取有效的措施制止,而且能够在必要的时候给予帮助和挽救。此外,高效的传感体系能够将种种矛盾逐步反馈,避免量的积累达到质的变化。在维权机制尚未健全的过程中,高效的传感机制的作用是不可替代的。既要在学校的党政组织内建立传感体系,又要在学生组织中建立,并且要实现两个系统之间的有机结合。一方面高校要努力形成以学生为主、为学生服务的意识,让学生有地方说出自己的想法;另一面要加强高校学生维权的意识和责任,不但能大胆说出自己的想法而且要保证信息的真实性和客观性。有效信息的传递是维权工作变被动为主动的重要途径,拥有一个高效的传感体系,维权工作才能落实到每个学生的身上。

参考文献

[1]陈玉涓.高等教育国际化发展与人才培养研究[M].北京:中国原子能出版社,2021.

[2]李洪霞.高等院校学生教育管理研究与实践[M].北京:北京工业大学出版社,2021.

[3]刘青春.信息时代高校学生管理模式的转变及创新[M].沈阳:辽宁大学出版社,2021.

[4]马仁听.新时代高等职业教育国际化理论与实践[M].北京:中国铁道出版社,2021.

[5]聂娟.高校学生管理的艺术[M].长春:吉林出版集团股份有限公司,2022.

[6]任新红.新时代高等教育国际化发展研究[M].成都:西南交大出版社,2022.

[7]沈佳,许晓静.基于多视角下的高校学生管理工作探究[M].北京:现代出版社,2022.

[8]汤晓军.中国高等职业教育国际化研究[M].苏州:苏州大学出版社,2021.

[9]王清远,杨明娜,李勇."一带一路"视域下地方院校高等教育国际化发展[M].北京:科学出版社,2022.

[10]王绽蕊,(德)乌尔里希·泰希勒,张优良.高等教育国际化全球视野与中国选择[M].北京:科学出版社,2021.

[11]王志娟.高等教育国际化新论[M].北京:北京工业大学出版社,2021.

[12]赵威.基于应用型人才培养的高校学生管理创新模式研究[M].长春:吉林出版集团股份有限公司,2021.